"*Construindo Pontes* preenche uma profunda
lhamento bíblico e é de longe um dos guias mais informados, atenciosos e práticos que eu já li sobre aconselhamento de crianças e adolescentes. A criatividade de Lowe em fazer a transição entre a riqueza do aconselhamento bíblico e da teologia para uma forma prática que ajude os conselheiros a efetivamente trazerem à tona os corações de alguns de nossos mais queridos é inigualável. Como profissional em exercício há quase vinte anos, este livro serve como um presente muito necessário e apreciado!"

Jeremy Lelek, presidente, Association of Biblical Counselors

"De vez em quando, sai um livro excepcional que se revelará um clássico sobre um tema. O livro *Construindo Pontes*, de Julie Lowe, se tornará um recurso clássico de aconselhamento bíblico para ajudar crianças e adolescentes. Julie traz a verdade centrada no evangelho, saturada de graça em cada capítulo, e termina o livro com uma coleção valiosa de úteis exercícios e folhas de atividades. Pastores, pessoas que trabalham com jovens e crianças, e pais devem obter uma cópia, lê-la e empregar a sabedoria de suas páginas."

Marty Machowski, pastor; autor de *Deus fez meninos e meninas*, e coautor de *Ministério infantil: fundamento e prática*.

"Para aqueles de nós que às vezes sentem-se um pouco perdidos em saber como se conectar com as crianças que aconselhamos e em conhecer seus corações, Julie Lowe nos deu um recurso muito útil. *Construindo Pontes* está cheio de ideias e atividades extremamente úteis para entrar na vida de crianças feridas e falar a verdade de Deus. Qualquer pessoa que queira crescer em suas habilidades de aconselhamento de crianças, vai querer um exemplar deste livro".

Amy Baker, autora de *Filhos e Divórcio, Gerenciando suas emoções*, entre outros livros da série *Aconselhamento*

"O livro *Construindo Pontes*, de Julie Lowe, leva o ministério bíblico às crianças a um novo nível de compreensão e prática! Essa ferramenta se tornará algo padrão no cardápio no curso do Seminário da BJU sobre aconselhamento de crianças e adolescentes. Repleto de sabedoria de casos, discernimento bíblico e atividades criativas, esse é o melhor texto disponível para descobrir os corações das crianças e ministrar a eles na sala de aconselhamento. Eu o recomendo fortemente."

Jim Berg, professor de aconselhamento bíblico no Seminário Bob Jones University; autor; diretor executivo de Freedom That Lasts, um programa de recuperação de viciados baseado na igreja local

"Hoje há uma cacofonia de vozes, sejam de livros, artigos ou blogs que gritam: 'É *assim* que você cria filhos. *Essa* é a fórmula secreta para fazer com que seus filhos se saiam bem'. Nesse tumulto entra Julie Lowe. Evitando falsas promessas, *Construindo Pontes* oferece sabedoria – uma ampla estrutura para entender as crianças e suas lutas, bem como estratégias práticas para se conectar a elas. Um triunfo!"

Benjamin Crawford, psiquiatra no Riverside Counseling Center

"Este livro é muito rico tanto do ponto de vista teológico quanto prático. Julie se esforça muito para ser biblicamente sólida em sua abordagem de aconselhamento e também se esforça na mesma medida para dar exemplos detalhados de exercícios práticos com o intuito de envolver as crianças. Para qualquer pai ou pessoa que trabalha com jovens que venha tendo dificuldade para alcançar uma criança ou um aluno específico, esse livro será um grande recurso".

John Perritt, diretor de recursos para o Reformed Youth Ministries; autor de *Mark: How Jesus Changes Everything* and *Insecure: Fighting Our Lesser Fears with a Greater One*; editor da série Track

"O amor genuíno inicia-se separando o tempo necessário para realmente conhecer alguém. Isso é especialmente verdade quando procuramos amar aqueles a quem Deus nos chama para aconselhar e ministrar. No livro *Construindo Pontes*, Julie Lowe fornece um tesouro de atividades práticas e ilustrações que são especificamente projetadas para nos ajudar a conhecer e a falar a verdade do evangelho às crianças e aos jovens que Deus colocou em nossas vidas. Estou eminentemente mais preparado para amar as crianças em minha igreja (e em meu lar) como resultado de ter este recurso".

Scott Mehl, pastor, Cornerstone Church of West L.A.; autor de *Loving Messy People*

"É impossível capturar com poucas palavras o amor, a sabedoria e a ajuda prática que se espalham por cada página de *Construindo Pontes*. Se você é pai ou mãe e deseja saber como amar e ser a ferramenta de mudança de Deus na vida de seus filhos, você deve ler este livro. Se você é professor, conselheiro de crianças ou trabalha em ministérios infantis ou juvenis, este livro é absolutamente essencial para você. Como pai de crianças adultas, li *Construindo Pontes* com gratidão pela quantidade de pessoas que ele ajudará, mas também com tristeza por não tê-lo quando nossos filhos eram novos. Não podemos perder outra geração de crianças vulneráveis, feitas à imagem de Deus, para os males da vida neste mundo quebrado e que geme, e por esta razão, com entusiasmo, eu recomendo *Construindo Pontes* a você".

Paul David Tripp, pastor; autor de *Perdido no meio*; palestrante em conferências internacionais

"A frase 'Conte-me seus problemas' raramente nos dá acesso às crianças porque as palavras podem iludi-las quando as emoções são complicadas. Julie nos deu meios criativos e envolventes para sondar o coração de uma criança".

Edward T. Welch, docente e conselheiro, Christian Counseling and Educational Foundation (CCEF); autor de *Aconselhando uns aos outros* e *Sacerdócio real*

"Aconselhar crianças e adolescentes proporciona desafios únicos até mesmo para os conselheiros bíblicos mais dotados. Crianças e adolescentes pensam e operam de forma diferente dos adultos, e conectar-se com eles e entender o que está dentro de seus corações requer habilidades distintas. O livro *Construindo Pontes* está aqui para ajudar. Julie Lowe tem fornecido um excelente recurso para explicar por que, o que e como conectar as verdades das Escrituras aos corações das crianças e dos adolescentes. Conselheiros, professores, pais, obreiros da escola dominical e do ministério com jovens serão todos beneficiados com a riqueza de conhecimento e com as ferramentas presentes nesta obra.

C.W. Solomon, diretor executivo, Biblical Counseling Coalition

"Que tesouro Julie deu à igreja e aos pais em seu último livro, *Construindo Pontes*. Com a convicção de que cada criança é um portador da imagem do Deus vivo, Julie oferece exercícios práticos, ferramentas e métodos para atrair seu filho para a conversa. Em uma cultura que tem rapidamente se esquecido da arte da conversa, Julie atrai nosso olhar de volta para a Escritura e nos mostra o coração de Jesus para com as crianças. Estou confiante de que este livro abençoará e impactará muitas famílias para o Reino de Deus".

Jonathan D. Holmes, diretor executivo, Fieldstone Counseling; pastor de aconselhamento, Parkside Church

"Verdade seja dita, crianças e adolescentes que têm tido dificuldades na vida muitas vezes deixam perplexos pais, professores, equipe do ministério juvenil e conselheiros. Julie Lowe entende isso e escreveu um livro que pretende preencher a lacuna entre o teologicamente profundo e o prático. *Construindo Pontes* fundamenta o processo de aconselhamento de crianças em um modelo que não se baseia em linguagem de modificação comportamental, mas na linguagem do evangelho. Afinal de contas, criar filhos é a forma mais desafiadora de discipulado que existe. *Construindo Pontes* proporciona ao leitor um padrão para entrar e explorar a vida de uma criança e, nesse contexto, ganhar sua confiança, dar esperança ao seu coração e oferecer um caminho para a mudança".

Jeffrey S. Black, professor e cátedra, Departamento de Aconselhamento e Psicologia, Cairn University; psicólogo licenciado; diretor de serviços de aconselhamento, Oasis Center

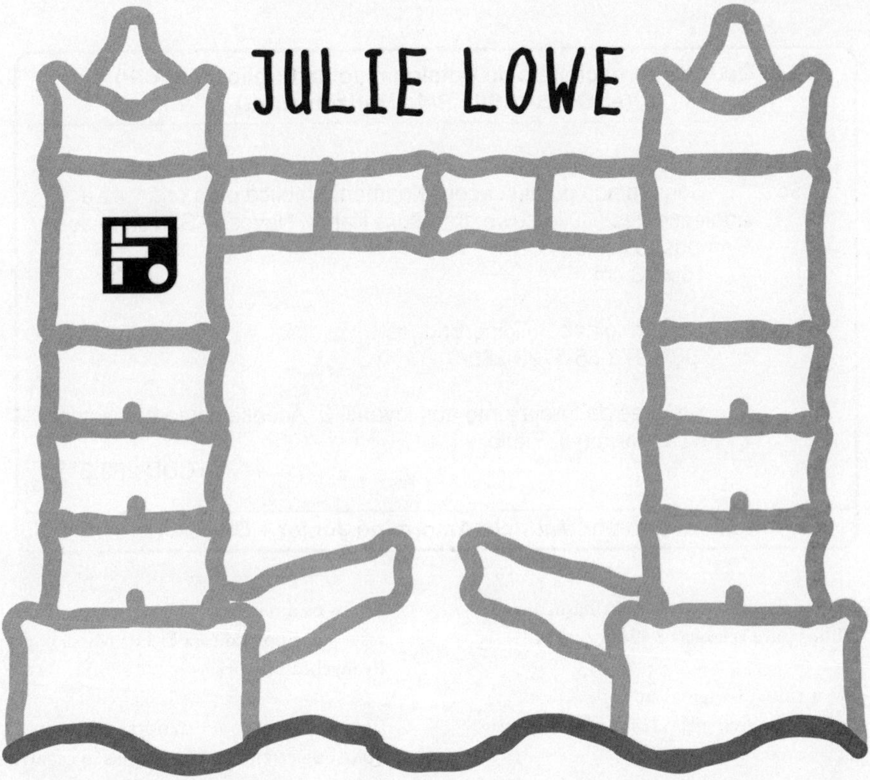

JULIE LOWE

CONSTRUINDO PONTES

Aconselhamento bíblico para crianças e adolescentes

Dados Internacionais de Catalogação na Publicação (CIP)
(eDOC BRASIL, Belo Horizonte/MG)

Lowe, Julie, 1972-.
L589c Construindo pontes: aconselhamento bíblico para crianças e adolescentes / Julie Lowe; tradutora Karina Naves. – São José dos Campos, SP: Fiel, 2023.
16 x 23 cm

Título original: Building Bridges
ISBN 978-65-5723-269-9

1. Obras da Igreja junto aos jovens. 2. Aconselhamento pastoral. I. Naves, Karina. II. Título.

CDD 259.2

Elaborado por Maurício Amormino Júnior – CRB6/2422

Construindo Pontes: aconselhamento bíblico para crianças e adolescentes

Traduzido do original em inglês
Building Bridges: biblical counseling activities for children and teens

Publicado originalmente por
New Growth Press,
Greensboro, NC, 27401, EUA.

Primeira edição em português: 2023

Os textos das referências bíblicas foram extraídos da versão Almeida Revista e Atualizada, 2ª ed. (Sociedade Bíblica do Brasil), salvo indicação específica.

Diretor: Tiago J. Santos Filho
Editor-chefe: Vinícius Musselman
Editor: Renata do Espírito Santo
Supervisor Editorial: Vinícius Musselman
Coordenação Editorial: Gisele Lemes
Tradução: Karina Naves
Revisão: Alan Rennê Alexandrino Lima
Diagramação: Rubner Durais
Capa: Rubner Durais

ISBN brochura: 978-65-5723-269-9
ISBN e-book: 978-65-5723-270-5

FIEL
Editora

Caixa Postal, 1601
CEP 12230-971
São José dos Campos-SP
PABX.: (12) 3919-9999
www.editorafiel.com.br

SUMÁRIO

Capítulo 7

Capítulo 8

Conclusão

Apêndice A

1
TRABALHAR COM CRIANÇAS E ADOLESCENTES REQUER UMA ABORDAGEM DIFERENTE

Tiana era uma adolescente solitária que participou da atividade de "sexting" online com o intuito de se adequar a um grupo da escola. Infelizmente, esse mesmo grupo de "amigos" fez suas fotos circularem pela escola, o que eventualmente ocasionou que Tiana fosse parar na frente de um detetive, de seus pais e da administração da escola.

De início, Tiana se mostrou irada, resistente e não confiante em relação ao aconselhamento. Ela não acreditava que alguém realmente se importasse. Após várias sessões que tinham como objetivo conhecê-la, ouvi-la bem e encontrar maneiras de entrar em seu mundo, Tiana compartilhou que se conectava melhor por meio da música. Perguntei se ela estaria disposta a compartilhar algumas canções e letras que refletissem como ela se sentia. Nós corremos para o meu computador e ouvimos juntas.

Depois que uma música terminou de tocar na tela do computador, Tiana sentou-se, acenando com a cabeça, como se estivesse de acordo. Eu perguntei: "Como essa canção se conecta à sua vida?".

Tiana respondeu rapidamente: "Bem, acho que sinto que todos têm alguém, menos eu, como diz a canção. Então, o que eu tenho?".

"Tenho certeza de que a sensação é essa mesma, Tiana. É difícil quando parece que todos ao seu redor têm um namorado ou um grupo onde é possível ter uma sensação de pertencimento. A pergunta é: nosso significado e valor são encontrados em um namorado ou em um grupo de colegas? Será que só podemos nos sentir valorizados se outro humano achar que temos valor?".

Tiana pensou por um momento. "Sei que a resposta certa deveria ser que Deus é tudo de que preciso... mas também quero ser aceita por meus amigos. Eu não quero ficar sozinha".

Eu acenei e respondi: "Eu também não quero ficar sozinha, e você e eu nunca estamos realmente sozinhas. Sei que é difícil acreditar, mas o Senhor está bem ali e se importa. Ele vê sua tristeza, ele sabe como você se sente e se compadece de você".

Fiz uma pausa e vi Tiana romper em lágrimas. "Não posso prometer que as pessoas irão tratá-la como deveriam – ou como você gostaria que elas a tratassem – mas posso prometer que o Senhor nunca a deixará, nunca a abandonará, e que ele tomará cada momento duro e solitário em sua vida e o usará para o bem". Lágrimas correram pelo rosto de Tiana. Minhas palavras foram tanto reconfortantes quanto difíceis de ouvir. "Sei que isso não faz a dor da rejeição ir embora, mas algo que ajuda a amenizá-la é aprendermos a abraçar e a desejar o amor de Deus, mais do que a aprovação de outras pessoas".

"O que você acha de nós duas encontrarmos uma canção que fale do amor sem fim de Deus quando outros falham conosco? Nós duas podemos fazer algumas pesquisas e, na próxima semana, comparar o que encontramos". Tiana concordou e eu a encorajei a compartilhar sua tarefa com seus pais; talvez eles também tivessem algumas ideias que poderiam ajudar. Foi a primeira vez que Tiana se tornou vulnerável e o primeiro sinal de que ela estava disposta a se engajar de forma sincera. O que antes era uma visão sem Deus de seu futuro começou a revelar um vislumbre de esperança.

Várias sessões depois, Tiana não só encontrou canções que mudaram para uma perspectiva mais centrada em Cristo; ela começou a escrever sua própria música no aconselhamento – uma música que moveu-se do desespero em direção à confiança no Senhor e ao conforto em seu amor. As circunstâncias de Tiana ainda não haviam mudado, mas sua perspectiva estava sendo transformada. Ela estava aprendendo a encontrar valor naquele que a criou. Ela estava lentamente se tornando mais vulnerável com seus pais e optando por abrir mão dos amigos que anteriormente ela tentaria impressionar a todo custo.

***

Jovens[1] como Tiana precisam de adultos sábios que estejam dispostos a entrar em seus mundos e experiências. Eles precisam que nos sentemos com eles e que nos coloquemos no lugar deles para sentir a vida como eles sentem, e precisam de uma visão para algo além de tais experiências. Eles precisam de esperança de que há mais em suas vidas do que suas circunstâncias atuais, e precisam que encontremos maneiras interessantes de apontá-los ao Senhor.

Como adultos que têm jovens sob seus cuidados, é um privilégio e uma responsabilidade considerar como podemos atrair uma geração mais jovem para o Senhor. Nosso objetivo sempre deve ser aplicar com aptidão as Escrituras à singularidade de cada criança, adolescente ou família. Os princípios bíblicos são imutáveis; eles estão sempre em ação e são sempre eficazes; e devemos estar continuamente trabalhando para aplicá-los de forma atenciosa às necessidades do momento. Queremos que nosso cuidado sábio, amoroso e piedoso seja ao mesmo tempo vibrante e improvisador, envolvente e atrativo. Precisamos dedicar tempo para ajudar os jovens a saberem como reagir de maneira piedosa nas particularidades de suas experiências. A próxima geração precisa saber que Deus realmente lhe deu tudo aquilo de que precisam para a vida (2Pe 1.3).

Este livro tem o objetivo de ajudar os conselheiros, as famílias e outros adultos cuidadosos a construir pontes – conexões que dão vida e estão infundidas do evangelho – com os jovens em nossa esfera de influência. Com cada nova geração, temos a tarefa bíblica de ensinar aos jovens os caminhos do Senhor. Somos encarregados de dar vida às Escrituras para cada criança e

---

1 N.E.: A autora usa o termo "jovens", ao longo de todo livro, dirigindo-se tanto a crianças como a adolescentes, sendo um sinônimo para "público jovem".

adolescente (Dt 6.4-6). Em uma cultura onde crianças e adolescentes estão cada vez mais olhando para seus próprios pares como fonte de verdade e conhecimento, relacionamentos significativos com adultos positivos e sábios conduzirão os jovens para respostas bíblicas às suas perguntas e lutas.

Ministrar a crianças e adolescentes é diferente de ministrar a adultos. Muitos conselheiros evitam aconselhar crianças, sabendo que é necessário uma abordagem diferente. É verdade que muitas vezes podemos cometer o erro de nos relacionarmos com a criança da mesma forma como nos relacionamos com os adultos. Muitos jovens simplesmente não conseguem interagir no mesmo nível que um adulto interage. Se queremos que as crianças e os adolescentes se abram sobre o mundo em que estão inseridos, e se desejamos ministrar a eles de forma efetiva, precisamos nos conectar com eles de uma maneira que os faça se sentir compreendidos e conhecidos. Isso significa que nós fazemos todo o possível para encontrá-los no estágio de desenvolvimento em que estão. Isso requer trabalho árduo para ver a vida através dos olhos deles. Essa prática reflete o coração de Jesus, aquele que nos lembra de que devemos nos tornar como crianças para entrarmos no reino dos céus e que qualquer um que receber uma criança no nome dele, a ele recebe (Mt 18.2-4).

É valioso conhecer os jovens tanto individualmente quanto em termos de desenvolvimento. Podemos, então, nos comunicar com o mundo deles e ajudá-los a compreenderem a si mesmos e a necessidade que eles têm do Senhor. Ao mesmo tempo, é importante lembrar que as tentações, as lutas e as necessidades do coração humano permanecem as mesmas, independentemente do estágio da vida. A alma precisa ser alimentada com a verdade do evangelho em qualquer idade. Cada indivíduo precisa conhecer a Jesus e aprender sobre o amor e o cuidado de Deus em todas as idades. Todos precisam ser desafiados a amarem a Deus e às pessoas. Porém, mesmo que a sabedoria bíblica e os princípios bíblicos sejam imutáveis, a maneira de contextualizá-los e aplicá-los às crianças nem sempre é a mesma.

Como adultos, muitas vezes temos dificuldade de nos conectarmos pessoalmente com os jovens. Pode ser difícil levá-los a falar ou envolvê-los em conversas significativas. A falta de conexão geralmente gira em torno de nossas expectativas – tentar ter uma conversa adulta com uma criança, supor que os adolescentes estão interessados naquilo que nos interessa, ser condescendente, esperar que eles sejam capazes de falar abertamente conosco, ou fazer com que os jovens sentem-se e tenham uma conversa sobre coisas a respeito das quais eles não têm nenhum interesse ou que não tenham significado algum para eles.

Como conselheiros, alguns de nós podem sentir que são mais bem-sucedidos na conexão com crianças e adolescentes do que realmente somos. Ingenuamente nos afastamos das interações sentindo-nos parcialmente bem-sucedidos. Mantivemos a conversa, conseguimos que ele ou ela respondesse às nossas perguntas e podemos até ter abordado algumas lutas na vida deles. Podemos nos afastar de uma sessão como essa e pensar que ela transcorreu relativamente bem. Entretanto, quando você pergunta ao jovem como foi a sessão, é possível que a história seja completamente outra: "Foi horrível. Um tédio. Eu odeio aconselhamento e não quero voltar". O jovem pode sair de uma sessão dessas sentindo como se alguém apenas tivesse arrancado um dente dele, o que o levará a fazer qualquer coisa para evitar outra visita dolorosa.

Queremos que nossos laços com os outros venham facilmente, sem esforço e de forma natural. Queremos que as pessoas gostem de nós. Podemos até mesmo presumir que nossos aconselhados estejam ou devam estar no mesmo nível intelectual, emocional, espiritual ou social que o nosso. Mas uma conexão sem esforço ou um entendimento compartilhado raramente é o caso com qualquer aconselhado, muito menos com uma criança. Acreditamos, erroneamente, que bons relacionamentos sempre vêm sem esforço e que o trabalho árduo não deveria ser necessário. Quando pensamos assim, esquecemo-nos de o quanto Jesus deu de si mesmo para amar, compartilhar e se conectar conosco. Ele veio até nós e continua a nos encontrar em nossa fraqueza, debilidade e infantilidade. Ele assumiu carne humana, humilhando a si mesmo e participando de nossa experiência, vivenciando até mesmo a morte em nosso lugar (Fp 2.6-8).

À luz de tudo o que Jesus fez por nós, a Escritura também nos exorta: "Nada façais por partidarismo ou vanglória, mas por humildade, considerando cada um os outros superiores a si mesmo. Não tenha cada um em vista o que é propriamente seu, senão também cada qual o que é dos outros" (Fp 2.3-4). Em nossos relacionamentos uns com os outros, somos chamados a ter a mentalidade de Cristo Jesus. Como podemos ser modelo desse coração de Jesus em nossas interações com os jovens que aconselhamos? Como seria abordar crianças e adolescentes com a mentalidade de Cristo Jesus?

Começamos nos comprometendo a encontrar os jovens onde eles estão, não onde *nós* estamos, nem onde queremos que eles estejam. Devemos estar dispostos a trabalhar com afinco e consideração para entrar no mundo deles. Isso significará dedicar tempo para sentar, observar, ouvir e ajudar as crianças e os adolescentes a se sentirem conhecidos. Somente quando fizermos isso é que teremos ganhado a confiança necessária para influenciá-los para o evangelho.

Costumo dizer aos alunos que estão sendo treinados em aconselhamento que a capacidade deles de trabalhar bem com adultos não significa que eles serão competentes para trabalhar bem com crianças ou adolescentes. Entretanto, se eles forem capazes de aprender a trabalhar com jovens, provavelmente estarão mais bem equipados e terão mais habilidade para trabalhar com adultos. Por quê? Porque eles terão gasto tempo extra aprendendo a habilidade não natural de entrar no mundo de outra pessoa, esforçando-se para conhecê-la e amá-la bem.

EXTRAINDO O INTERIOR DO CORAÇÃO DE CRIANÇAS E ADOLESCENTES

Extrair o interior do coração dos jovens significa esforçar-se para descobrir o que está acontecendo em seus corações e mentes. Estamos descobrindo seus motivos, desejos, medos, esperanças, tentações e sonhos. Como diz Provérbios 20.5: "Como águas profundas, são os propósitos do coração do homem, mas o homem de inteligência sabe descobri-los". Este é o nosso objetivo: trazer à tona os propósitos do coração, e depois falar a verdade a fim de colocá-la de volta lá dentro.

Ao sondar uma criança ou adolescente, muitas vezes é a habilidade de um adulto que determina quão eficaz é o aconselhamento, mais do que a capacidade de um jovem de articular seu mundo interior. Tendemos a bater um papo com uma criança e somos tentados a concluir, após alguns minutos, que ela não tem percepção, respostas ponderadas ou mesmo que ela não se preocupa com sua situação. Dizemos a nós mesmos que tentamos conseguir uma percepção, mas que a criança simplesmente não tem consciência pessoal ou não está disposta a se abrir. Infelizmente, na maior parte do tempo estamos errados. Com o cuidado genuíno, a busca consistente, as abordagens cativantes, a paciência de um ouvido atento e a disposição para fazer boas perguntas, os jovens conseguem compartilhar e o fazem profundamente.

Só quando você começa a conhecer bem um jovem é que consegue contextualizar a verdade para atender às suas necessidades particulares. Esse é um passo que nunca pode ser pulado. Jesus deu o modelo da ideia de conhecer as pessoas individualmente. Em sua vida na terra, Jesus foi modelo do cuidado específico e da interação pessoal com aqueles que encontrou. A mulher no poço foi conhecida intimamente e recebeu graça apesar de seus muitos pecados (Jo 4). Zaqueu, um cobrador de impostos, foi procurado para ter comunhão (Lc 19). Os fariseus e saduceus foram repreendidos e chamados de raça de víboras (Mt 12). As criancinhas foram aconselhadas a ir até Jesus e foram abraçadas (Lc 18). Cada discípulo era conhecido individualmente (Jo 1.42, 47). Jesus muitas vezes demonstrou que conhecia tão bem seus seguidores que sabia o que eles estavam pensando (Mc 9.33-34). Ele falava às dúvidas, aos medos, à incredulidade e à devoção deles (Mt 8.26).

Seja um especialista em conhecer a criança que está na sua frente

Temos um Pai que nos conhece pessoalmente, de forma íntima e completa. Ele nos criou, nos formou e conhece o mais profundo de nossos corações. Ele pode alcançar lugares dentro de nossas cabeças e corações que ninguém mais pode, e ele nos encontra lá. Somos chamados a ser modelos do amor de Deus, procurando conhecer as crianças e os adolescentes com quem interagimos da mesma forma que Deus nos conhece.

Considere o Salmo 139, começando nos versículos 1-5:

SENHOR, tu me sondas e me conheces.
Sabes quando me assento e quando me levanto;
de longe penetras os meus pensamentos.
Esquadrinhas o meu andar e o meu deitar
e conheces todos os meus caminhos.
Ainda a palavra me não chegou à língua,
e tu, SENHOR, já a conheces toda.
Tu me cercas por trás e por diante
e sobre mim pões a mão

Os versos 13-18 descrevem o quanto ele conhece a mim e a você:

Pois tu formaste o meu interior,
tu me teceste no seio de minha mãe.
Graças te dou, visto que por modo assombrosamente maravilhoso me formaste;
As tuas obras são admiráveis,
e a minha alma o sabe muito bem;
Os meus ossos não te foram encobertos,
quando no oculto fui formado
e entretecido como nas profundezas da terra.
Os teus olhos me viram a substância ainda informe,
e no teu livro foram escritos todos os meus dias,
cada um deles escrito e determinado,
quando nem um deles havia ainda.
Que preciosos para mim, ó Deus, são os teus pensamentos!
E como é grande a soma deles!
Se os contasse, excedem os grãos de areia;
contaria, contaria, sem jamais chegar ao fim.

No aconselhamento ou no ministério pessoal, aprendemos a compreender a natureza de certas dificuldades, experiências e reações emocionais. Prestamos atenção a temas e motivos, dinâmicas interpessoais e intrapessoais, e aprendemos a falar sobre tais coisas com habilidade e sabedoria bíblica. Entretanto, é igualmente importante que tratemos cada jovem com quem trabalhamos como uma pessoa distinta. Isso significa que fazemos o esforço de enxergá-lo como um indivíduo único o qual nos esforçamos para compreender. Significa que, imitando nosso Pai celestial que nos conhece intimamente, nos comprometemos a conhecer a criança ou o adolescente específico que está diante de nós. Isso significa que levamos tempo não apenas para conhecer a luta, mas a pessoa por trás da luta.

Cada jovem tem traços inatos que formam, motivam e influenciam seus comportamentos e suas intenções. Quem são eles? Quais são seus interesses? O que os motiva ou os desencoraja? Como podemos falar com eles, encorajá-los, confrontá-los ou consolá-los de uma maneira que seja benéfica? Isso exige que edifiquemos confiança e pontes para que conheçamos e compreendamos genuinamente o indivíduo que está diante de nós.

A busca em conhecer bem os jovens nos compele a nos tornarmos pessoas de sabedoria e entendimento. Nós nos esforçamos para conhecer as forças, as fraquezas, as limitações e as tentações do aconselhado. Consideramos cada família, estilo de vida, estilo dos pais, e o impacto desses fatores na vida das crianças. Equipados com essa compreensão, procuramos, então, maneiras piedosas de falar com sabedoria e amor nessas áreas de suas vidas e de alimentar o crescimento na piedade em cada uma delas. Um aconselhamento atencioso e eficaz reflete a percepção de cada criança e adolescente para que eles possam se conhecer melhor e ver a necessidade que têm de Cristo.

A estrutura para entender o coração

Para desenvolver um entendimento sábio e bíblico das crianças, precisamos ter um entendimento básico da natureza humana. Meu colega Mike Emlet escreveu vastamente sobre a visão bíblica do homem como pecador, sofredor e santo.[2]

2 Michael R. Emlet, *CrossTalk: Where Life & Scripture Meet* (Geensboro, NC: New Growth Press, 2009).

As crianças são criadas à imagem de Deus e é a obra redentora de Cristo que as transforma em santos. Como portadoras da imagem, elas nascem num mundo quebrado e caído, onde são impactadas pelo sofrimento e por duras experiências. Os jovens são pessoas que respondem à moral, que estão em guerra com sua natureza pecaminosa a qual os torna propensos a vaguear para longe do Senhor e a corromper as maneiras como vivem e interpretam a vida.

Nossa tarefa é ajudar os jovens a enxergarem a vida e suas experiências a partir de uma cosmovisão bíblica. Deus cria, mas o mundo corrompe. Deus criou o alimento, o amor, o sexo, os relacionamentos, o prazer e os nossos temperamentos, mas nenhum desses fatores está imune à corrupção quando não estamos caminhando em submissão a Cristo. O aconselhamento e o ministério pessoal de qualidade exigem que ajudemos os jovens a adquirirem uma percepção de seus próprios corações e de suas tendências. Isso exige a construção de uma cosmovisão redentora por meio da qual eles possam ver que Deus criou tudo e que tudo aponta para ele (Sl 19.1; Jo 1.3; Cl 1.17). Isso requer falar, mentorear e caminhar ao lado deles em qualquer capacidade que nos for dada.

As crianças não foram criadas como telas em branco. Elas vêm com personalidades, aptidões, talentos, tendências, dificuldades, deficiências e tentações inatos, bem como com pontos fortes e fracos de temperamento. Precisamos nos empenhar para identificar a mistura singular de habilidades, pontos fortes e fracos em nossos jovens aconselhados e considerar de que maneira isso informa o modo como os abordamos e guiamos. Conhecer bem as crianças nos dá uma percepção sobre suas necessidades espirituais, nos ajuda a compreender o que motiva o comportamento delas e fornece direção sobre como discipulá-las bem.

Sem essa abordagem, tendemos a retornar ao nosso próprio estilo natural de relacionamento (bom ou mau), partindo do princípio de que todos interagem da mesma maneira, ou nós nos voltamos para outras abordagens/métodos/formulas antibíblicas. Olhamos à nossa volta para ver "o que funciona" e abraçamos métodos que aparentemente podem produzir resultados, mas que nos afastam de apontar Cristo às pessoas.

REDIMINDO TODO O INDIVÍDUO EM CRISTO

A capacidade dos adultos de falar de forma redentora e de encontrar sentido nas experiências e lutas de uma criança de forma precisa é crucial. Queremos que cada parte da vida de uma criança seja compreendida à luz do evangelho. Devemos sempre desejar ajudar as crianças a enxergarem, à luz de uma cosmovisão bíblica, quem elas são e o que elas vivenciam. Independente das lutas ou das rupturas que representam dificuldade para as crianças e os adolescentes, queremos infundir confiança em um Criador amoroso que os conhece pelo nome, vê todos os seus pensamentos e sabe o número de seus dias. Quando a criança aprende a encontrar sua identidade em Cristo, isso cria uma matriz por meio da qual ela é capaz de dar um sentido preciso às coisas difíceis.

O diagrama da próxima página destaca como somos feitos à imagem de Deus, criados para refletir a semelhança dele. Todos nós somos impactados pelo pecado, lutamos contra uma natureza caída e temos necessidade de redenção por meio da obra de Cristo na cruz. Nós também somos influenciados pelas características que recebemos quando fomos criados – nossas forças e fraquezas físicas, nossos gostos e nossas aversões, nosso tipo de personalidade, estilos de comunicação e assim por diante.

Ser um portador da imagem significa que somos criados à semelhança de Deus. Somos criados para magnificá-lo, para refletir sua glória. Toda criança e todo adolescente é criado à semelhança de Deus e somos chamados a tratá-los como tal. Isso requer que enxerguemos os outros da forma como Deus os enxerga.

Natureza pecaminosa e caída significa que todos nós necessitamos do evangelho – tanto crentes quanto incrédulos. O evangelho transforma igualmente cada um de nós, transformando nossos corações de pedra em corações de carne (Ez 36.26). Todos nós temos a propensão de vaguear e é importante compreender como os jovens são impactados pela carne e pelos desejos pecaminosos.

Muito semelhante à imagem do pecador, santo e sofredor, todos nós também somos impactados pelo sofrimento e pela ruptura desse mundo. O sofrimento pode assumir a forma de forças e fraquezas advindas da criação. Talvez seja uma deficiência física ou cognitiva. Para uma pessoa jovem, pode tratar-se de uma deficiência de aprendizagem, dificuldades com habilidades sociais, deficiências físicas ou deformidades. Ou, pode ser um dom com um talento surpreendente, uma habilidade ou um QI elevado – que, embora sejam bênçãos em um nível, podem fazer com que seja difícil para os outros entenderem e se identificarem com essa pessoa. Esses são traços que nos foram dados quando nascemos e não podem ser modificados, mas são traços com os quais precisamos trabalhar e os quais talvez precisemos compensar. Cada um de nós deve lutar para viver em um corpo físico quebrado.

E então há os eventos situacionais: o impacto de ter um lar onde há somente um dos pais, ou um lar com ambos os pais, ser filho único ou ter vários irmãos, crescer em lares temporários ou em um orfanato, ou vir de uma família de divórcio. Pode ser um histórico de ser intimidado ou de ser o atleta estrela. Pode ser uma situação de abuso ou de crescer em um ambiente familiar feliz e saudável.

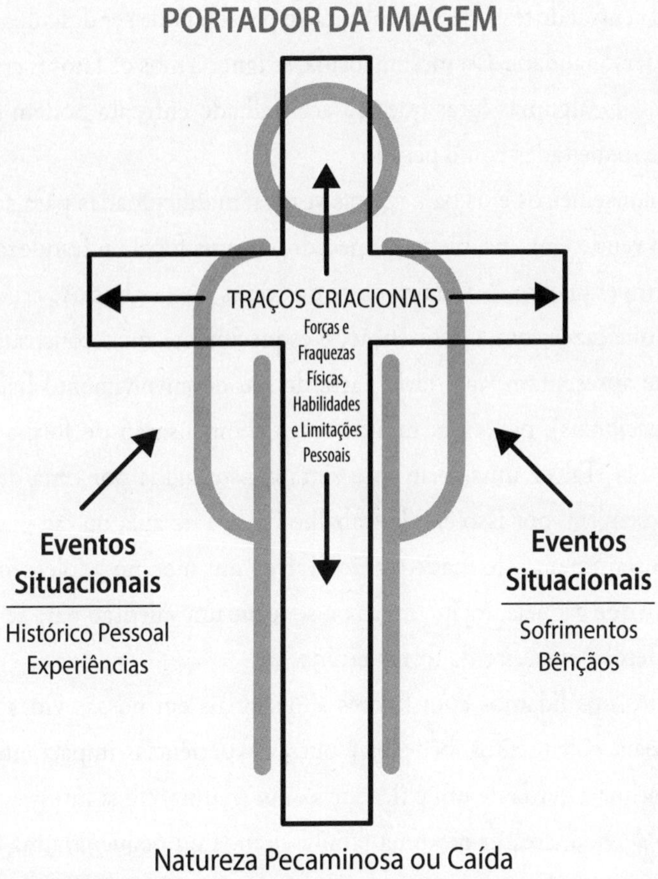

Independentemente das histórias, das bênçãos ou dos sofrimentos presentes em suas vidas, as crianças devem aprender a compreender com exatidão suas experiências à luz das Escrituras. Como conselheiros, precisamos nos colocar ao lado das crianças e ajudá-las a dar sentido à forma como esses fatores afetam a maneira como elas enxergam e respondem ao mundo ao redor.

Sem uma compreensão bíblica da natureza humana, da identidade e das personalidades inatas, tendemos a interpretar mal as ações e os motivos das crianças. Em qualquer relação de aconselhamento, devemos olhar tanto para os fatores criacionais (físicos ou de desenvolvimento) quanto para os fatores espirituais em jogo na vida de um jovem. Se ignorarmos a necessidade espiritual central de fé e obediência, então o pecado pode ser desculpado como traço de personalidade. Da mesma forma, se ignorarmos os fatores criacionais e situacionais, algumas lutas que seu aconselhado enfrenta podem ser erroneamente suspeitadas como pecado.

Os conselheiros e os pais muitas vezes têm dificuldades para saber se o que estão vendo é um problema de pecado, ou uma força ou fraqueza criacional/de temperamento. Na maior parte das vezes, são ambos. As crianças não sabem o que fazer com a desatenção, o esquecimento ou o constrangimento social que apresentam (que faria parte de seu desenvolvimento físico e dos traços criacionais), portanto, muitas vezes compensarão de forma pecaminosa ou tola. Talvez uma criança se sinta constrangida por uma deficiência de aprendizagem, por isso ela dá trabalho na sala de aula ou faz piadas para desviar o sentimento de inadequação. Talvez um menino adolescente que é pequeno e que gagueja, incite brigas ou se torne um valentão para tentar sentir-se poderoso ou aceito da forma errada.

Todos nós lidamos com fatores situacionais em nossas vidas – histórias pessoais, sofrimentos, bênçãos e outras experiências impactantes. Essas podem incluir a perda de um pai, adoção, um trauma, constantes reviravoltas no estilo de vida, crescer em uma família grande ou pequena, uma deficiência, ou viver na pobreza ou riqueza. Essas experiências prejudicam a maneira como uma criança enxerga os relacionamentos, o mundo ao seu redor e a si mesma. Deixadas por si mesmas, elas tentarão obter compreensão a partir de suas experiências e muitas vezes o farão de forma imprecisa. Uma criança que é adotada pode erroneamente concluir que ela não pode ser amada ou que ela é má. Uma criança cujos pais se divorciaram pode pensar que ela poderia ter impedido o relacionamento fracassado de seus pais se tivesse feito algo diferente ou se comportado melhor.

As crianças interpretam a vida e as experiências, quer falemos com elas sobre isso ou não. Muitas vezes evitamos discutir tópicos que são pesados, complicados ou confusos, acreditando que as crianças não pensarão sobre esses fatores se não os abordarmos. O problema é que as crianças já estão pensando, interpretando e tirando conclusões sobre suas vidas. Se não as envolvermos nesses tópicos, elas tirarão suas próprias conclusões sobre si mesmas, suas vidas e sobre Deus sem nenhuma orientação amorosa ou uma cosmovisão redentora.

Olhando para cada indivíduo como um quebra-cabeça

Uma vez que você tenha estabelecido seu esboço geral de uma criança, você pode começar a trabalhar para compreender as peças individuais do quebra-cabeça que compõem quem essa criança é. Um relacionamento de aconselhamento com uma criança é, na maioria das vezes, um investimento, por isso tenha em mente o processo à medida que você leva o tempo necessário para saber realmente o que move uma criança. O que a motiva, deixa animada ou a faz chorar? Com o que ela sonha, pelo que ela é tentada, e em que áreas ela é naturalmente dotada? Todos esses fatores ajudarão você a brilhar a luz de Cristo de forma mais eficaz na situação particular daquela criança.

Imagine despejar em uma superfície as peças de um quebra-cabeça sem ter a menor ideia de como é a imagem final. Isso pode ser um pouco avassalador. Todas essas peças estão diante de você, mas o resultado final não seria claro de imediato. Logo no início, começaríamos a dar sentido à imagem juntando os cantos e lados retos óbvios, construindo uma estrutura para o que se desdobrará diante de nós. O aconselhamento é muito parecido com isso. Aos poucos, estamos juntando as peças e construindo uma imagem do jovem com quem estamos trabalhando.

Muitas vezes começo a construir minha imagem fazendo perguntas aos verdadeiros especialistas da criança: os pais. Os pais passaram anos observando seus filhos, e suas percepções vêm de milhares de pequenos e grandes momentos. Os pais frequentemente expressam que se sentem perdidos ou confusos acerca do que está acontecendo com seus filhos; mas quando lhes são feitas perguntas de sondagem, eles têm a tendência de estarem cheios de percepções. Algumas perguntas que eu provavelmente faria a um dos pais são:

- Fale como é o seu filho ou filha.
- Quais são os pontos fortes e fracos dele ou dela?
- Quais parecem ser as dificuldades dele/dela?
- Como ele/ela reage à correção?
- Como ele/ela se comporta perto dos colegas?
- O que o(a) deixa feliz, ansioso(a), irado(a), triste, etc.?
- Ele/ela é aberto(a) em relação aos sentimentos ou é mais fechado(a)?
- Como ele/ela é na escola? Na igreja? Em público?
- Ele/ela mostra alguma maturidade ou sensibilidade espiritual? De que forma?

Começamos com o que cremos em relação à natureza humana, o pecado e os temperamentos individuais, e isso muitas vezes nos ajuda a começar a entender os contornos externos da criança que estamos aconselhando. Ainda não a conhecemos bem, mas podemos usar essas categorias de experiência humana para começar a criar uma estrutura.

Entretanto, há muitas, muitas "peças de quebra-cabeça" que compõem o quadro completo de quem é seu aconselhado, e compreender e juntar os componentes distintos da experiência e das forças/fraquezas dele exigirá um pouco de tentativa e erro. Quando conhecemos uma criança, começamos a vislumbrar porque ela faz o que faz, onde está em desenvolvimento, como é sua personalidade, como ela tem lutado e o que a motiva. À medida que entendemos todas essas coisas, podemos começar a juntar as peças de seu quebra-cabeça. Algumas vezes as peças se encaixam; outras vezes vemos mais tarde que elas realmente não se conectaram de forma alguma. Somente o tempo, a sabedoria e o compromisso de conhecer profundamente a criança garantirão um «saber» preciso e significativo. Esse «saber» também depende da ajuda dos pais e de outros indivíduos amorosos na vida de cada jovem.

Cristo nos conhece pelo nome. Ele conhece todos os nossos pensamentos, vê além do nosso comportamento e sabe o que nos motiva (1Sm 16.7; Sl 139.1-24; Is 43.1). Não podemos ler a mente e o coração das crianças, mas podemos ser hábeis em observar seus comportamentos; hábeis em ler o que as motiva em várias situações; proficientes em enxergar os dons, as fraquezas, as aptidões, os medos e as inseguranças delas; e sábios em falar de esperança nas experiências que elas têm. Não é suficiente que firmemos um compromisso de conhecê-las bem. Nós também queremos ajudá-las a entenderem a si mesmas. Queremos que as crianças conheçam a si mesmas de forma sábia e saibam como viver bem diante da face de Deus, e que reconheçam que a maior necessidade delas é se apoiarem profundamente nele.

O Senhor não nos deixa entregues a nós mesmos. Ele nos busca porque é um pai amoroso, um conselheiro sábio e um bom pastor. Ele nos encontra em nossa necessidade, fraqueza e fragilidade. O Senhor é inabalável em seu amor por nós. Ele mostra compaixão, é misericordioso e gracioso. Que possamos imitá-lo com um compromisso de conhecer, compreender e buscar proativamente nossos jovens.

2

IDADES E ESTÁGIOS: ENTENDENDO O IMPACTO DO DESENVOLVIMENTO

> Cada pedra é diferente. Nenhuma pedra é exatamente igual... Deus ama a variedade. Em dias estranhos como os de hoje... as pessoas estudam como serem semelhantes ao invés de como serem diferentes da forma que elas realmente são.
>
> *Dobry*, Monica Shannon

Isaías era um menino de doze anos que lutava contra a ansiedade. Ele era fisicamente pequeno para sua idade, mas espiritual e emocionalmente maduro além de seus anos de vida. Ele tinha desenvolvido uma apurada capacidade de ler as expressões das pessoas e de perceber atitudes – e potenciais críticas. Ele também tinha dificuldades acadêmicas. A leitura era difícil para ele, o que afetava seu progresso em outras matérias à medida que crescia. Devido ao seu tamanho reduzido, era frequente que implicassem com ele ou que fosse menosprezado na escola. Ele era sensível a isso e começou a procurar maneiras de evitar as situações em que ele pudesse ser rejeitado ou escolhido por último.

Devido às suas dificuldades de desenvolvimento e acadêmicas, muitos pensavam que ele poderia se beneficiar ao repetir um ano na escola. Ele parecia um garoto de dez anos, embora tivesse a maturidade e a perspicácia de um adolescente maduro. Ele gostava de conversar com adultos e tinha feito amizade com crianças mais velhas fora da escola. No entanto, ele passava a maior parte do dia em um ambiente onde não se encaixava. O que será que poderia ajudar Isaías? Do que ele precisava?

Os pais de Isaías precisavam de ajuda para montar as peças do quebra-cabeça que era o filho. Eles tentavam entender o que estava relacionado ao desenvolvimento das dificuldades que ele apresentava – quais eram seus pontos físicos, de temperamento e acadêmicos fortes e fracos? O que era situacional sobre suas dificuldades – i.e., até que ponto os colegas difíceis, o bullying ou as decisões educacionais erradas se encaixavam na equação geral? Em que áreas Isaías vinha tendo dificuldades com reações deficientes: evitando situações sociais, pessoas e lugares; ou lutando contra hipersensibilidade ao que os outros estavam pensando? Algumas dessas respostas eram pecaminosas ou significavam uma falta de fé?

Ao tentar entender uma criança em dificuldade e sua situação com precisão, as fontes do problema muitas vezes não são claras. Elas podem parecer obscuras e difíceis de serem descobertas. Às vezes, uma dificuldade parece causar ou se conectar a outra. Por exemplo, será que o atraso de Isaías no crescimento físico levou ao bullying, ou seu nível mais alto de maturidade fez com que os outros implicassem com ele? A resposta nem sempre é discernível, mas aplicar a maior sabedoria possível ajudará você a distinguir o maior número possível de fatores em tal situação e fornecer a ajuda necessária.

Os pais de Isaías sempre afirmaram e cultivaram as qualidades positivas que viam na vida do filho, ajudando-o a enxergar sua perspicácia e sensibilidade não como fraquezas, mas como traços dados por Deus que ele deveria aprender a administrar. Eles descobriram que o menino precisava de compaixão e paciência enquanto eles abordavam sua ansiedade e lhe deram ferramentas para administrar os momentos de apreensão. Eles sempre lhe apontavam o Senhor como fonte de consolo e ajuda, orando por ele e com ele. Eles o desafiaram a enfrentar suas ansiedades e a trabalhar nelas, confiando que o Senhor lhe daria o que ele precisava em todas as circunstâncias.

No caso de Isaías, seus pais sabiam que ele precisava de amigos e de apoio fora da escola. Nós trabalhamos juntos para encontrar um mentor com quem ele pudesse se relacionar. Eles receberam uma permissão especial para colocá-lo em um grupo de jovens mais velhos e o colocaram em contato com um ou dois alunos mais maduros os quais eles sabiam que acolheriam Isaías.

A situação na escola foi mais difícil de compreender. Isaías tinha dificuldades acadêmicas e precisava de ajuda extra, mas todos nós reconhecemos que retê-lo um ano não seria a solução ótima; isso muito provavelmente o levaria a ter mais dificuldades de se adequar e a uma sensação ainda maior de desânimo. Não havia uma resposta fácil. Os pais de Isaías tentaram conseguir acomodações especiais na sala de aula e contrataram um tutor para trabalhar com o menino depois da escola. Como um último recurso, eles finalmente permitiram que Isaías repetisse um ano de escola – apenas para verem confirmadas todas as suas preocupações sobre a dinâmica com os colegas. Embora ambos os pais trabalhassem fora de casa, eles acabaram tirando Isaías da escola e trabalharam arduamente para desenvolver um programa de ensino domiciliar personalizado que se adequasse às necessidades do menino.

Os pais de Isaías fizeram o trabalho árduo de buscar conhecer o filho e explorar o que eles precisavam mudar na situação dele versus o que o próprio Isaías precisava aprender para cooperar. Assim como em muitos cenários de aconselhamento, eles tiveram que percorrer uma série de tentativas e erros, sucessos e fracassos, mas continuaram buscando o que era melhor para o filho e pedindo ao Senhor por provisão para fazê-lo.

Compreender os pontos fortes e os desafios de desenvolvimento de um jovem é um componente enorme na tarefa de conhecer a criança que Deus colocou à sua frente, e será crucial em sua capacidade de falar com precisão sobre a situação dela. (Veja também um detalhamento do que é típico para cada idade e etapa no Apêndice A: Amostra de Tabelas de Desenvolvimento). As anomalias de desenvolvimento muitas vezes entram no cerne dos desafios de uma criança e, portanto, é melhor examinar esses componentes desde o início. Nosso desenvolvimento como seres humanos inclui fatores físicos, cognitivos, emocionais, sociais e espirituais. Medidas padronizadas do que é "típico" para uma criança ou um adolescente podem nos ajudar a ver quando uma criança está atrasada ou quando ela é dotada de maneiras específicas que podem demandar uma ajuda focada. O rastreamento do desenvolvimento emocional ou social de alguém pode indicar se a criança é imatura ou avançada para sua idade. Há diversos bons recursos online, como o *Centers for Disease Control and Prevention* [Centros de

Controle e Prevenção de Doenças], que fornecem os padrões mais atualizados para o desenvolvimento saudável da criança/adolescente. Muitos sites de hospitais também possuem artigos acadêmicos e gráficos de desenvolvimento online que você pode acessar com facilidade.[3]

Você verá algumas vezes jovens que não se encaixam claramente em uma categoria de desenvolvimento para a idade deles. Quando isso ocorre, tanto o jovem quanto seus pais têm dificuldades para encontrar sentido nas fraquezas, deficiências e até mesmo nos talentos daquele jovem. Eles querem ser "normais" tentando se encaixar na sua categoria de desenvolvimento ou escondendo suas diferenças. Jovens tentam compensar sua situação imitando seus colegas quando precisam de ajuda para entender, abraçar e para se adaptar de forma sábia às suas diferenças.

A maioria das crianças passa a maior parte do tempo em um ambiente escolar onde se presume que elas estejam no mesmo nível que as crianças ao seu redor. Para crianças que estão atrasadas ou que se destacam no desenvolvimento em qualquer área, isso pode criar uma lacuna – uma sensação de ser estranho, diferente ou menor do que aqueles ao seu redor. Isso leva a todos os tipos de problemas que regularmente trazem as crianças ao aconselhamento: dificuldades de aprendizagem, rejeição social, ansiedade, frustração, isolamento, dificuldades relacionais, bullying etc.

O que fazemos quando as crianças estão, de alguma forma, desenvolvendo-se com atraso ou à frente de seus pares? Começamos procurando compreendê-las. Observamos os padrões, avaliamos o que esses padrões indicam sobre a criança e consideramos como precisamos lidar com o que está ocorrendo. A criança pode estar amadurecendo em seu próprio ritmo; ela pode simplesmente gostar de brinquedos e jogos de crianças mais novas ou mais velhas, ou de se conectar melhor com um grupo de colegas mais novo ou mais velho. As diferenças no desenvolvimento podem não indicar que algo está errado, mas pode haver a necessidade de pensar criativamente sobre como atender às necessidades daquela criança.

3 N.E.: O CDC disponibiliza informações em diversas línguas, incluindo Português (www.cdc.gov).

Conselheiros, educadores, cuidadores e pais precisam considerar como o desenvolvimento particular de uma criança afeta a habilidade dela de atuar em ambientes apropriados à sua idade. Algumas vezes deixamos passar o fato de que uma criança pode atingir marcos de desenvolvimento, mas estar significativamente aquém em outros marcos, ou ainda se sobressair além do normal em outras categorias. Isso pode gerar problemas emocionais e sociais significativos quando uma criança é forçada a se enquadrar ao que é considerado normal para sua idade. Isso era parte do problema de Isaías.

Quando é útil reconhecer as diferenças de uma criança e ajudá-la a saber como se adaptar? Quando essas diferenças refletem algo problemático (tais como habilidades sociais significativamente subdesenvolvidas ou questões de processamento acadêmico)? Quando uma fraqueza impede a vida diária ou os relacionamentos, os cuidadores devem considerar quais intervenções serão vantajosas. Temos que pensar sobre quais recursos são necessários, incluindo ajuda profissional, um ambiente diferente, habilidades ou serviços especiais etc. Essas coisas nem sempre ficam imediatamente claras, mas se você se esforçar para entender bem a criança, com o tempo você ganhará discernimento.

No caso de Isaías, levou tempo e muita tentativa e erro, mas eu e seus pais nos tornamos estudiosos daquele filho e comecei a treiná-los em direção a objetivos saudáveis para Isaías, a fim de que o menino pudesse prosperar. Refletimos sobre como ele foi criado de forma singular, em que ponto ele estava em seu desenvolvimento, quais eram suas necessidades e quais dons e aptidões precisavam ser desenvolvidos e encorajados. Todos nós nos tornamos especialistas em conhecer Isaías e trabalhamos para ajudá-lo a encontrar sua identidade em quem Deus o moldou para ser. Nosso objetivo era ajudá-lo a ser um Isaías piedoso. Nós abordamos as áreas nas quais ele tinha dificuldade com o medo, a falta de fé ou a tentação, e o ajudamos a compreender suas próprias tendências. Foi necessário pensar fora da caixa e olhar além das soluções típicas que um distrito escolar poderia oferecer, além de ser fiel para compreender bem o coração e as lutas dele. Ao fazer isso, os pais de Isaías estabeleceram sabiamente um plano para ajudá-lo a prosperar.

PECADO OU TRAÇOS DE PERSONALIDADE?

Ao procurar compreender e ajudar um jovem, é prudente perguntar quando as questões são de desenvolvimento e quando são questões morais (de pecado). Aquele comportamento desafiador é resultado da vontade e dos desejos pecaminosos ou apenas da imaturidade? Inicialmente, nem sempre é óbvio. Mas com sabedoria, tempo e vontade de se envolver com as lutas de uma criança, a clareza muitas vezes se desenvolverá.

Crianças e adolescentes, assim como os adultos, têm um coração sempre ativo e dinâmico. Eles são movidos por vontades, motivações, desejos e objetivos. Não há nada de passivo sobre como vivemos ou experimentamos o mundo. Vemos nas Escrituras e ao longo da história que, por causa do pecado, nossos desejos e motivações nos levaram a tentar criar substitutos para Deus. Queremos estar no controle, queremos ser o centro das atenções e queremos que todos os nossos desejos sejam realizados de acordo com os nossos próprios planejamentos. Nós, seres humanos, somos frequentemente tentados a trocar o Criador pela coisa criada – a estabelecer mini deuses que sirvam aos nossos propósitos. Esse é outro componente crítico a considerar ao conhecer uma criança e procurar entender suas necessidades quando elas vêm até você para obter aconselhamento.

Uma forma de pensar nessa figura multifacetada do seu aconselhado é refletida no diagrama abaixo.

CONHECENDO AS CRIANÇAS

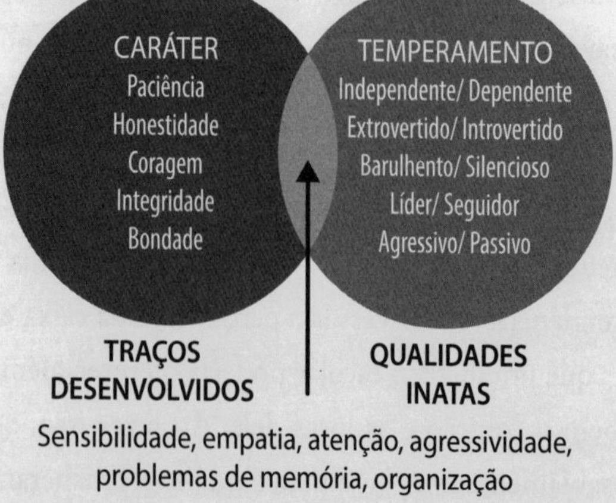

Considere a diferença entre caráter e temperamento. O caráter é um comportamento moral aprendido; pode ser pecaminoso ou piedoso, moral ou imoral, egoísta ou altruísta. O temperamento (pontos fortes, fraquezas, talentos, inabilidades, qualidades e disposições inatas) abrange os traços inatos encontrados em cada pessoa; nós os consideramos como sendo de natureza criacional. Eles não são nem pecaminosos nem piedosos em si mesmos, simplesmente inclinados à personalidade.

O caráter abrange traços desenvolvidos e escolhas morais relacionadas ao que e a quem uma pessoa se tornará. Os atributos de temperamento são qualidades inatas e tendências individuais que uma pessoa tem para ser introvertida ou extrovertida, barulhenta ou silenciosa, um seguidor ou líder, dependente ou independente, organizado ou desorganizado etc. As crianças são almas encarnadas, com temperamento e caráter que precisam ser moldados e desenvolvidos pelo evangelho.

Os pais muitas vezes têm dificuldades para saber se sua criança ou adolescente está lidando com um problema de pecado ou com uma força ou fraqueza física/de temperamento. Muitas vezes são ambos. Os jovens não sabem o que fazer quando têm dificuldade em prestar atenção, quando esquecem-se das coisas com frequência ou quando têm dificuldade com situações sociais, de modo que muitas vezes compensam de forma pecaminosa.

Algo que ajuda é ter uma estrutura bíblica forte para entender as crianças. Devemos olhar para a criança como um todo, um ser tanto espiritual como criacional/físico. Se ignorarmos a necessidade espiritual de fé e obediência, o pecado será justificado como "isso é apenas quem [ele ou ela] é". Podemos justificar as tendências pecaminosas como se elas fossem simplesmente parte de uma força ou de uma fraqueza, ou podemos permitir que a maneira como a pessoa foi programada em seu temperamento seja corrompida pelo pecado e se torne egoísta por natureza.

Por outro lado, se ignorarmos as fraquezas criacionais e as diferenças individuais, transformamos as fraquezas de temperamento em questões de caráter e disciplinamos nossos filhos por coisas que não são imorais ou pecaminosas por natureza. Eles começam a se sentir condenados por coisas que são fraquezas genuínas e acabarão acreditando que Deus também os condena. Não queremos deixar de chamar de pecado o comportamento imoral; nem de fraqueza as coisas que são resultado de um corpo quebrado. Mesmo assim, porém, queremos que nossos filhos aprendam a confiar mais em Deus, cuja força se torna perfeita na fraqueza.

Dito isso, há vezes em que um traço inato de temperamento se torna um problema de caráter. Por exemplo, uma criança pode ter grandes dificuldades com atenção e organização (temperamento). Não lhe é algo natural saber organizar, ela tem memória ruim ou simplesmente não sabe por onde começar uma tarefa. Quando nós entendemos isso, não lhe imputamos falta; nós a ajudamos. Porém, quando é dada à criança as habilidades e os recursos para ajudá-la e ela escolhe não aplicar as ferramentas, essa escolha passa a ser um problema de pecado (caráter). A escolha pecaminosa pode ser motivada pela preguiça diante do esforço necessário ou por uma falta de preocupação sobre como essa decisão impactará as pessoas ao seu redor. Também pode ser que ela evite tentar realizar o que parece ser intransponível. Independente do motivo, a criança é alguém que responde moralmente nas escolhas que faz. Quanto mais entendemos o que se passa por trás do comportamento, maior o sucesso que teremos ao abordar o problema.

Aconselhar uma criança através dessa lente também significa aprender a contextualizar a Escritura para que ela se ajuste à criança ou ao adolescente que está à nossa frente. As fórmulas e os ideais encalham porque presumimos que, se ligarmos cada criança às nossas fórmulas, todas elas se sairão como crianças de um cartaz prontas para o sucesso. Em vez disso, os jovens que tentamos ajudar com fórmulas superficiais são frequentemente atrapalhados ou prejudicados. Ao nos aproximarmos para ministrar a esses jovens, seria útil nos perguntarmos se estamos nos tornando perspicazes em conhecer bem essa criança. Do que essa criança em particular precisa?

Talvez o que devemos enfrentar é a necessidade de sabedoria para trazer à tona o coração dos jovens. Há tanto sabedoria quanto habilidade em lavrar o que é caracterológico ou comportamental na natureza e o que são fraquezas inatas ou traços de desenvolvimento que produzem dificuldades, mas não são pecaminosos por natureza. Quando algo simplesmente requer mais maturidade, mas é apropriado para a fase de desenvolvimento em que uma criança se encontra, e quando um pai ou um adulto deve se preocupar com o comportamento de uma criança?

Há algumas situações que são bastante simples. Uma criança está fingindo ser quem não é na escola devido à ansiedade, ao ciúme ou à dinâmica familiar em casa. Nós abordamos isso, substituímos o que motiva o comportamento e vemos mudanças. Há outras situações em que a complexidade é abundante. Uma criança tem mau comportamento, está agindo pecaminosamente, está sendo maltratada, tem dificuldades de aprendizagem ou está ficando para trás na escola e se sente rejeitada. Por onde começamos a ajudar uma criança assim? Essas são as situações nas quais devemos nos tornar mais perspicazes e competentes para enfrentar.

Consideremos outro cenário. Bento é um garoto de nove anos. Bento é mais forte e maior do que a maioria dos meninos de sua idade; ele se parece mais com um garoto de doze anos. Bento é enérgico, forte e agressivo com as crianças na escola. Ele gosta de se vangloriar de como é bom em quase tudo. Sua bravura é um disfarce para o fato de que ele está realmente em dificuldades acadêmicas. Ele está abaixo do nível escolar em matemática e leitura e tem um desempenho acadêmico ruim. Ele se sente inseguro e burro, então tenta compensar se encaixando com os garotos durões. Ele não presta atenção às instruções e disfarça suas dificuldades agindo como se estivesse entediado ou atrapalhando a aula. Seu desenvolvimento emocional parece estar atrasado; ele parece não saber ou não se preocupar com o impacto de suas ações naqueles ao seu redor.

Em casa, Bento brinca com dinossauros em miniatura, muitas vezes encenando suas dificuldades sociais por meio de brincadeira. Bento vem de uma família divorciada. Ele vive com sua mãe e visita o pai nos fins de semana. Seu pai é um alcoólatra que usa a intimidação como uma forma de criação de filhos. Sua mãe trabalha longas horas e se sente sobrecarregada com as necessidades de Bento.

Bento é um quebra-cabeça, e o adulto cuidador ou o conselheiro atencioso precisarão de sabedoria para que as peças se encaixam e para entender do que ele precisa para prosperar. Ele não se encaixa perfeitamente em um mapa de desenvolvimento, nem luta apenas com questões comportamentais ou tendências pecaminosas, nem podemos classificar tudo como uma deficiência. Sua situação familiar o afeta, mas isso também não explica todas as suas dificuldades. Como daremos sentido ao que está acontecendo na vida desse jovem menino e onde começaremos a ministrar a ele?

Como mencionado anteriormente, às vezes, quando uma criança está atrasada ou mesmo avançada em uma determinada área de desenvolvimento, isso pode causar desafios que prejudicam seu crescimento ou seus relacionamentos. As crianças podem se sentir estranhas ou diferentes de seus pares quando não têm experiências de desenvolvimento compartilhadas. Isso é verdade no caso de Bento. Ele tem tido dificuldades acadêmicas e está atrasado nas aulas. A desconexão entre seu desenvolvimento físico avançado e seu déficit emocional e acadêmico cria um abismo de frustração e dificuldade com seu grupo de colegas. Acrescente a essa luta a dor de uma família fraturada e de um relacionamento difícil com seu pai. Bento e sua mãe precisam de alguém que caminhe ao lado deles e o ajude a dar sentido ao seu mundo e a aprender a seguir em frente de uma forma saudável.

À medida que desenvolvemos nossa capacidade de reconhecer as questões de desenvolvimento e as escolhas de caráter/comportamento, nos tornaremos mais sábios na compreensão tanto dos problemas quanto das soluções. Podemos ajudar a trazer luz e recursos às áreas onde a pessoa é fraca, e corretamente confrontar e desafiar o crescimento nas áreas onde a pessoa precisa abrir mão de sua agenda pessoal para se conformar a Cristo.

DESENVOLVIMENTO

É importante que pensemos sobre como o desenvolvimento da criança pode estar se transformando nas lutas imediatas dela. Profissionais qualificados como médicos, educadores e especialistas em aprendizagem também dependem do conhecimento daquilo que está dentro do desenvolvimento normal e saudável, a fim de identificar onde se encontram os problemas específicos. Quanto mais versados estivermos nas capacidades de desenvolvimento de crianças e adolescentes, melhor nos tornamos no discernimento do que um indivíduo pode ou deve ser capaz de fazer. Essa compreensão ajuda a moldar o que devemos esperar em termos de metas ou crescimento em qualquer idade. Também nos ajuda a identificar quando um jovem parece estar significativamente fora do que é normal para sua idade e a perguntar como isso pode estar influenciando-o.

Há muitos modelos de desenvolvimento que são seguidos por aqueles que trabalham com jovens. Para o propósito do ministério individual, uma amostra das etapas e suas características foi fornecida no Apêndice A. Cada etapa tem marcos gerais que dão uma noção de onde uma criança pode se situar, mas há sempre um espectro que dá espaço para vários índices de desenvolvimento. Os gráficos não pretendem ser exaustivos, mas servem como exemplo para ajudá-lo a considerar como abordar o ministério para cada faixa etária específica.

É essencial tornar-se um especialista em conhecer a criança que está diante de você. Você deve avaliar sabiamente o desenvolvimento dela e se (ou como) ele pode estar causando impacto nela. Você deve distinguir em qual área ela está amadurecendo, mas a um ritmo mais lento, ou em qual área ela pode estar se destacando, mas ainda dentro de uma faixa normal. Você deve avaliar quando ela ultrapassa sua idade em certas áreas de desenvolvimento ou onde ela pode estar significativamente atrasada de maneiras prejudiciais e que requerem intervenção.

Ao observarmos estilos de vida, normas culturais e padrões, veremos também mudanças na forma como as crianças se desenvolvem. Por exemplo, algumas pesquisas mostram que as crianças que gastam mais tempo com dispositivos eletrônicos são frequentemente mais lentas no desenvolvimento da força das mãos; por causa disso, a capacidade delas de segurar um lápis, cortar com tesouras, colocar miçangas em um fio, colorir ou trabalhar com quebra-cabeças é significativamente retardada. Coisas como essa nem sempre são refletidas nas diretrizes de desenvolvimento, mas têm impacto nas áreas em que a atuação das crianças é afetada pelas normas sociais.

Por que isso é importante para aqueles que aconselham ou ministram aos jovens? Porque as acelerações ou atrasos no desenvolvimento muitas vezes têm implicações emocionais, sociais e espirituais para os jovens. Isso afeta a forma como eles se veem, se comparam aos outros ou entendem o sentido de suas experiências. Devemos estar preparados para ajudá-los a navegar com exatidão nessas coisas.

Por exemplo, se uma criança é muito concreta em seu pensamento, podemos confundi-la com metáforas e analogias que ela não consegue compreender. Tendemos a ver isso em crianças pequenas, em crianças no espectro do autismo e até mesmo em adolescentes que são apenas bastante literais e concretos por natureza. Podemos frustrá-los, e também a nós mesmos, tentando torná-los abstratos quando eles não possuem essa capacidade.

Da mesma forma, se uma criança tem um tempo curto de atenção, mas a obrigamos a sentar, conversar e focar por mais tempo do que é amoroso, criamos frustração, uma atmosfera desagradável e uma resistência nela em retornar ou em se engajar conosco. É provável que a culpemos – ela é simplesmente indisciplinada ou teimosa (e às vezes isso pode ser verdade). No entanto, há momentos em que isso tem muito mais a ver com a rigidez de nossa abordagem do que com a disposição daquele jovem.

Há crianças que se sentem intimidadas pelo contato direto com os olhos e que se abririam muito mais rapidamente se nós fornecêssemos uma distração (tal como uma atividade, ou simplesmente desenhando ou construindo algo) enquanto conversam. Elas se envolvem com menos esforço e mais vulnerabilidade quando lhes é dado algo para fazerem com suas mãos. As atividades que extraem o interior dos jovens podem ser muito úteis e frutíferas; isso será discutido mais adiante no Capítulo 4.

Nosso conhecimento das crianças também deve informar como nos aproximamos delas e nos envolvemos em conversas. Ministrar e falar à vida dos jovens exige que nos esforcemos ao máximo para tornar nossas palavras tão cativantes, claras e atraentes quanto possível para eles. Muitas vezes vejo crianças e adolescentes que são fracos no processamento de informações. Se não adaptarmos nossas interações, os perderemos na conversa. Eles perdem o que estamos dizendo. Eles não querem parecer tolos, por isso não perguntam. Em vez disso, eles nos ignoram – e nós os taxamos como relutantes ou rebeldes, quando na realidade eles simplesmente não compreendem o que estamos dizendo a eles. A responsabilidade é nossa de encontrar portas abertas para o mundo deles, de trazer o interior deles à tona e de responder efetivamente.

É particularmente importante que aqueles que ministram a crianças/adolescentes compreendam como eles entendem, aprendem, processam e resolvem problemas. É fácil supor que eles devem pensar como nós, saber as coisas que sabemos ou ter uma riqueza de exemplos e informações para serem extraídas. Quando as crianças não entendem, muitas vezes elas apenas acenam com a cabeça ou nos deixam continuar falando com elas. Se tivermos sorte, um jovem nos dirá realmente que não entende; mas, na maioria das vezes, muitos deles simplesmente nos aplacarão.

Alguns estudos até sugerem que os cérebros dos jovens não se desenvolvem completamente ou "crescem" até os vinte e poucos anos.[4] Embora fisicamente um jovem possa parecer e até falar de uma forma madura, sabemos que ele muitas vezes tem dificuldades nas áreas emocional, social e espiritual. Eles estão lutando para entenderem o sentido de suas experiências. Eles precisam de adultos amorosos e sábios em suas vidas, ajudando a guiá-los, a conhecê-los e a falar sobre suas experiências. As crianças não são fixas no desenvolvimento; elas são uma obra em andamento. Isso significa que devemos estar constantemente reavaliando em que ponto elas estão e como podemos contribuir para o crescimento delas.

4 Colin Fernandez, "Adulthood Begins at 30: Scientists Say That Our Brains Are Not Fully Grown-up When We Are in Our Twenties," The Daily Mail, 18 de Março de 2019, https://www.dailymail.co.uk/sciencetech/article-6824499/Adulthood-begins-30-Scientists-say-brains-not-fully-grown-twenties.html.

O que uma menina de seis anos e uma menina de treze percorrem na esfera cognitiva será muito diferente (esperamos). O nível emocional em que estão um menino de sete anos e um menino de quinze será muito diferente. Independentemente da questão ou da necessidade de aconselhamento na vida de um jovem, é importante que consideremos em que nível ele ou ela está em termos de desenvolvimento; isso inclui fatores físicos, cognitivos, emocionais, sociais e espirituais. Em seguida, devemos considerar como eles estão em termos de desenvolvimento e como iremos envolvê-los.

Conforme mencionado anteriormente neste capítulo, há diversos bons recursos de consulta sobre o desenvolvimento típico em crianças e adolescentes, assim como gráficos de desenvolvimento que você pode procurar para entender melhor onde uma criança pode estar em seu estágio de vida. Esses recursos podem ajudá-lo a avaliar se suas expectativas sobre o comportamento, a compreensão e o desenvolvimento geral de uma criança são realistas, e dar indicação sobre em quais áreas pode haver fraquezas ou déficits de desenvolvimento. Os recursos também podem lhe dar uma visão do porquê eles estão lutando e como você pode ajudá-los a crescer. Mas novamente, lembre-se de que as crianças nem sempre se enquadram em claras categorias de desenvolvimento.

Não acredito que o desenvolvimento dirija tudo o que fazemos; ele simplesmente ajuda a construir uma imagem maior e melhor da criança como um todo. Desenvolvimento, temperamento e traços e características inatos não são determinantes na vida de uma pessoa. É imperativo que nossas observações sejam informadas por uma cosmovisão bíblica – uma que enxergue os jovens como portadores da imagem, entenda a natureza humana e reconheça nossa inclinação inerente ao pecado, e como nossos corpos e nosso desenvolvimento são afetados pelo pecado e pela fraqueza, pelo sofrimento e por estarem quebrados.

Conforme as crianças e os adolescentes se desenvolvem, eles estão formando visões de identidade, autocompreensão, normalidade e valores, relacionamentos (com o homem e Deus) e tomada de decisões morais. Também sabemos que todos nós processamos a vida e as nossas experiências de maneira diferente, e muitas vezes de maneira imprecisa. As crianças precisam de uma sabedoria externa a si mesmas; precisam de ajuda para entenderem quem elas são diante do Senhor e como viverem em um mundo quebrado. Quando elas aparentam ser diferente ou se sentem diferentes dos colegas, quando não conseguem acompanhar as pessoas ao seu redor, ou quando não são aceitas por suas diferenças, precisamos apontá-las a um Criador que ajude a dar sentido às experiências que elas vivenciam.

Aprender a entender tanto o desenvolvimento quanto a natureza do coração humano irá ajudá-lo a desenvolver a sabedoria em juntar as peças do quebra-cabeça a fim de ajudar os jovens.

3
A IMPORTÂNCIA DE ENVOLVER OS PAIS

Bill e Amanda são os pais de três filhos: Matheus (quatro anos), Rachel (seis anos) e Micah (quatorze anos). Ambos trabalham fora de casa, são regularmente envolvidos na igreja e estão fazendo o possível para conciliar as agitações da vida e as atividades familiares. Assim como muitos pais, eles procuram soluções para os problemas que seus filhos estão enfrentando. Micah é consumido por seu telefone e parece estar lentamente se retirando da vida familiar. Rachel é ansiosa e tem dificuldade de simplesmente entrar no ônibus escolar pela manhã, e Matheus é uma criança típica de muita energia que esgota sua mãe com sua constante movimentação.

Bill e Amanda vieram para aconselhamento a fim de descobrirem o que poderiam fazer para que sua família "funcionasse normalmente". Ao conversarmos sobre o que significava "função normal" para eles, percebemos que estavam procurando "*a* coisa" que poderiam fazer para que seus filhos obedecessem, não brigassem e fossem jovens felizes e decentes. Certamente havia *a* coisa certa – uma receita infalível para produzir os resultados que eles estavam procurando.

Você e eu podemos compreender essa mentalidade. Queremos relacionamentos em que possamos nos sentar e raciocinar com os outros sobre o comportamento e as escolhas deles, e vencê-los com nossa visão. Esse não é um ideal ruim. Entretanto, os pais acreditam erroneamente que existe um caminho que é melhor para seus filhos, que pode ou não ser verdade.

Há muitas situações no aconselhamento em que são os pais que precisam de ajuda para saber como navegar nas lutas de seus filhos. Quando esse é o caso, queremos ter certeza de que estamos ajudando os pais a mudarem e crescerem no amor e no pastoreio de seus filhos de forma cada vez mais sábia e útil.

Como conselheira, meu objetivo é trabalhar de modo que quando chegar a hora de me retirar do caso, os pais estejam preparados para assumi-lo. Entro na vida de um jovem por uma temporada para acompanhar e ajudar em seu processo de mudança e crescimento. Os pais estão investidos na vida de seus filhos por um longo prazo. Portanto, faz sentido que quando trabalhamos com crianças e adolescentes, devemos sempre, até certo ponto, nos empenhar para equipar os pais, seus principais mentores.

É preocupante para mim a frequência com que os pais são deixados de fora do processo de aconselhamento de seus filhos, sejam de crianças ou de adolescentes, independentemente da idade do jovem. Muitos conselheiros enxergam os pais como um empecilho ou um tropeço para trabalhar com crianças. Algumas vezes, a relutância de um conselheiro é porque a presença dos pais na sala impede que as crianças se abram. Outras vezes, é porque os pais podem assumir a discussão e responder por seus filhos. Inadvertidamente, um pai pode ter um planejamento diferente e trabalhar contra o que um conselheiro talvez esteja tentando realizar. Essas complicações podem certamente acontecer, e é por isso que é importante para nós, conselheiros, discutirmos com antecedência as expectativas e os objetivos com os pais.

Seria fácil continuar listando as muitas razões pelas quais pode ser um desafio ter os pais como parte do processo de aconselhamento de seus filhos. Entretanto, acredito que uma compreensão bíblica de família nos obriga a enxergar os pais como os principais conselheiros, mentores, instrutores e discipuladores de seus filhos (Dt 11.19; Sl 78.5-7; Pv 22.6). Culturalmente, nossa sociedade tem se afastado dessa ideia, acreditando que devemos deixar esse trabalho fomentador para os "especialistas". Esquecemos que Deus colocou os pais na posição de serem os especialistas de seus filhos. Os pais lutam cada vez mais para ajudar seus filhos com as coisas difíceis que estão enfrentando. Seja por causa das rápidas mudanças das normas sociais ao ritmo de vida que as famílias tentam manter, ou à ênfase na cultura de pares, os jovens estão perdendo a influência de adultos maduros e piedosos. Mais uma razão, portanto, para que os pais sejam participantes vitais no processo de aconselhamento.[5]

Costumo dizer aos pais que ninguém estará tão empenhado em conhecer seu filho como eles estão. Conselheiros, mentores e outros profissionais têm observações importantes a fazer e percepções a compartilhar, mas o conhecimento dessas pessoas não é tão bom quanto o que um pai terá a respeito de seu filho. Os pais que estão comprometidos em compreender seus filhos terão a tendência de saber coisas que parecem intuitivas, mas que na verdade vêm de anos de vigilância, escuta, observação e interação com seus filhos.

Isso não quer dizer que o envolvimento dos pais terá o mesmo aspecto em todas as situações de aconselhamento. Muitos fatores – a idade da criança, a qualidade do relacionamento pai/mãe/filho, a luta particular da criança – determinarão o arranjo mais benéfico. Haverá situações em que os pais não poderão se envolver de forma alguma devido a abuso, questões de segurança, abandono, cuidado em lar temporário e afins. Nesses casos, considere se há outros adultos cuidadores que possam ser um apoio no processo. Há muitas outras circunstâncias que exigem o envolvimento ativo dos pais em reuniões e discussões, tais como situações que requerem intervenção: distúrbios alimentares, suicídio, desafios acadêmicos e crises. Mesmo quando não há crise, sabemos que as crianças podem controlar apenas até certo ponto o que acontece em seu mundo e ainda dependem dos pais e de uma família. É sempre benéfico incluir a família quando possível. Na maioria dos casos, nos familiarizarmos com a situação de um jovem em particular nos informará quando e como trazer os pais para a discussão, e há muita flexibilidade em como isso pode ser feito.

Para muitos conselheiros, quanto mais jovem a criança for, mais necessário será o envolvimento dos pais. Crianças pequenas muitas vezes não têm a capacidade de tomar boas decisões por si mesmas e não dispõem de recursos para mudar. Nesses casos, a ação dos pais é frequentemente a chave para ajudar

5 Julie Lowe, *Child Proof: Parenting by Faith, Not Formula* (Greensboro, NC: New Growth Press, 2018).

a criança a superar suas lutas. É possível que algumas questões das crianças precisem ser tratadas diretamente com os pais, ao invés de com a criança. Um conselheiro pode fornecer percepção, orientação e recursos aos pais, que então retornam para casa e trabalham para incorporar essas estratégias.

É igualmente valioso ter o envolvimento dos pais à medida que as crianças crescem, embora isso possa se dar de forma diferente. Embora pareça mais fácil se envolver diretamente com crianças mais velhas e adolescentes e obter informações sobre a situação deles, isso não minimiza a necessidade de envolver seus pais. Os adolescentes estão cada vez mais desconectados de seus pais e mais conectados com seus colegas. É cada vez mais valioso para os conselheiros procurar maneiras de ajudar a construir conexões entre pais e adolescentes. Assim como a confiança é importante para nós, conselheiros, a fim de construir pontes de credibilidade com um adolescente, também queremos facilitar esse vínculo entre os adolescentes e seus pais.

Muitas vezes vou compartilhar com os adolescentes que, assim como eu dedico tempo e atenção trabalhando com eles, também quero trabalhar no mesmo nível com seus pais, a fim de ajudar os pais a saberem como amá-los melhor. Raramente um adolescente vai dizer não a isso. Se o fizerem, isso revela uma barreira considerável a ser abordada.

Às vezes os pais são de fato parte do problema, e a dinâmica pai/filho se torna o foco da mudança. Entretanto, quer os pais sejam ou não parte do problema, eles devem sempre ser parte da solução. Isso significa que os envolvemos na coleta inicial de dados, perguntamos a eles sobre seus objetivos para o aconselhamento e reunimos o máximo de informações possíveis sobre seus filhos e as preocupações que eles têm como pais. Em seguida, compartilhamos nossa filosofia de aconselhamento e permitimos que eles façam perguntas para garantir que o planejamento esteja satisfatório. É muito melhor descobrir se estamos ou não na mesma página que os pais antes de nos encontrarmos com seus filhos.

Muitas vezes os pais querem uma solução imediata para os seus problemas – quando o que realmente necessitam é de tempo para aprender e entender seus filhos e quais fatores têm contribuído para os desafios que se apresentam. Eles precisam de tempo para examinar o filho individualmente, para orar e perguntar o que os ajudaria e, em seguida, para tomar decisões informadas para o benefício de seu filho. Os pais precisam de encorajamento. Eles nem sempre farão tudo certo, mas quando estão empenhados em conhecer e amar bem seus filhos, eles podem confiar o resultado a Deus. Isso não significa que o aconselhamento irá correr bem ou que a melhor direção será sempre clara desde o início. No entanto, podemos ajudar os pais a encontrarem esperança e apoiá-los para que sejam fiéis à tarefa que Deus lhes deu.

Em cada família as necessidades e as lutas das crianças e dos adolescentes variam. Considere as seguintes diferenças que eu observei nas crianças que já aconselhei:

- Algumas crianças discutem ou são opositoras/desafiadoras. Elas precisam de estrutura e de responsabilidade.
- Algumas crianças acenam afirmativamente com a cabeça enquanto discordam silenciosamente. Elas precisam de alguém para notar isso e gentilmente chamar-lhes a atenção.
- Algumas crianças são sensíveis e têm uma tendência a se retraírem. Elas não têm consciência de si mesmas e precisam de um adulto paciente que traga à tona o que está dentro delas e que faça uma reflexão com elas.
- Algumas crianças demonstram atrasos ou deficiências de desenvolvimento que afetam a forma como elas ouvem ou processam informações. Elas precisam de uma abordagem personalizada para seus desafios que as ajude a aprender.
- Algumas crianças não respondem à postura descontraída dos pais; elas prosperam em rotinas e ritmos. Elas precisam ser altamente estruturadas e disciplinadas ou caem em padrões não saudáveis ou ímpios.
- Algumas crianças não respondem bem a famílias excessivamente estruturadas; elas precisam de graça e tempo extra, e menos pressão para pensar e realizar tarefas.

Nessa lista, cada resposta apontada dos pais se baseia nas necessidades de cada criança em vez de basear-se nas preferências dos pais (ou do conselheiro). O conhecimento que os pais têm de uma criança pode e deve moldar como eles a pastoreiam; como envolvem-se com suas lutas e fraquezas; como lidam com as tentações e pecados que as atraem; e como encorajam seus pontos fortes, talentos e sensibilidade espiritual. Portanto, queremos sempre ajudar os pais a se envolverem bem e com sabedoria.

Os pais estão perfeitamente posicionados para essa tarefa. Embora a ajuda externa e os profissionais sejam um auxílio e muitas vezes sejam necessários, queremos que os pais saibam que eles próprios são os especialistas. Isso significa que eles provavelmente conhecem melhor seus filhos, e quando se comprometem a deixar de lado suas preferências para realmente avaliarem as necessidades de seus filhos, eles se tornam os especialistas. Pouquíssimas pessoas na vida de uma criança estarão tão comprometidas em conhecer e entender essa criança quanto seus pais. Eles passam o maior tempo e gastam a maior energia com a criança. Eles têm mais conversas e compartilham mais a vida cotidiana com seus filhos do que qualquer outra pessoa. Muitas vezes eles são capazes de ler intuitivamente os rostos, a linguagem corporal e o silêncio de seus filhos. Eles sentem quando algo está errado.

Um de nossos filhos sempre fica com um "olhar de fui pego" quando faz algo errado. Seu rosto sempre revela quando está mentindo. Felizmente, ele nunca descobriu como é esse olhar. Nem todas as crianças são tão óbvias, mas os pais ainda podem pegar pistas sutis. Nós também desenvolvemos essa sensibilidade como conselheiros. O instinto e a experiência entram em ação e nos dizem que a criança com quem estamos conversando está escondendo algo, ou está sofrendo, ou agindo fora do caráter. Quando uma adolescente entra e não faz contato visual, diz que seu dia estava bom, mas claramente está mais emotiva e retraída do que nunca, é um sinal de que as coisas não estão bem.

Isso significa que notamos, prestamos atenção e a buscamos. Quando ela interrompe a conversa, nós ou um dos pais a observamos e a perseguimos ou arquivamos o momento na esperança de que o Senhor nos proporcione uma visão ou uma oportunidade de abordá-la em um momento posterior. Por exemplo, um adolescente engasga ao falar de uma situação dolorosa na escola, mas ele afirma "Não me importo" ou "Não foi nada demais". O adolescente chega em casa e minimiza o ocorrido, mas os pais percebem que ele está emocionado, retraído e magoado. Com o passar do tempo, os pais percebem que há mais coisas acontecendo e se esforçam para saber o que fazer. Frequentemente, eles estão captando corretamente os problemas do filho. Incertos sobre se estão reagindo em excesso ou reagindo insuficientemente, os pais precisam de afirmação sobre o que estão discernindo e de ajuda para saberem como proceder.

Os pais conhecem seus filhos de maneiras que um conselheiro profissional levaria meses para descobrir. Os pais podem prever suas reações e discernir quando os filhos não estão agindo como eles mesmos. Ter os pais como parte do processo pode nos poupar, como conselheiros, tempo e energia valiosos à medida que conhecemos a criança ou o adolescente com quem estamos trabalhando. Às vezes, só precisamos ajudar os pais a diminuírem a velocidade o suficiente para avaliarem e juntarem o que eles sabem e percebem.

Como conselheira, quando converso com os pais sobre as circunstâncias, muitas vezes descubro que as percepções deles são precisas. Muitos pais questionam seus instintos, se perguntam por que eles têm sensações tão fortes em relação a algo e se estão errados. Provavelmente, qualquer pai ou conselheiro deveria estar aberto a fazer essas perguntas. No entanto, à medida que eu me aproximo do motivo pelo qual eles se sentem de uma determinada maneira, muitas vezes surgem fatos e detalhes que apoiam suas conclusões. Eles simplesmente nunca tiraram tempo para desembaraçar seus pensamentos e percepções. Precisamos respeitar e apoiar a realidade de que Deus colocou os pais na posição única de serem os conselheiros mais sábios de seus filhos. Eles têm anos de experiência e interações que moldam o que sabem.

É claro que às vezes os pais estão errados, cegos à dinâmica da vida de seus filhos, percebem mal os motivos de seus filhos, ou podem ser movidos por suas próprias reações pecaminosas. Ter a mãe e o pai incluídos no processo de aconselhamento ajudará a descobrir quando isso estiver acontecendo e proporcionará uma oportunidade de abordar isso. Os pais às vezes precisam de uma perspectiva externa para ver aquilo que não conseguem enxergar por estarem muito próximos. Um conselheiro pode dar uma nova perspectiva e uma contribuição objetiva, e pode ajudar a equipar os pais com compreensão para que eles criem os filhos com sabedoria.

Os pais podem erroneamente acreditar que as lutas de seus filhos devem ser o resultado de algo que eles próprios estão fazendo de errado. Se eles fossem bons pais, seus filhos não teriam dificuldades, certo? Podemos encorajar os pais dizendo-lhes que às vezes as crianças passam por coisas difíceis que não têm nada a ver com uma criação boa ou ruim, mas que necessitam de uma resposta. Os pais precisam de orientação para descobrir como ajudar seus filhos a passarem pelas coisas difíceis que estão enfrentando.

Como conselheiros bíblicos, temos a melhor base para orientar os pais. Temos a Escritura, que é útil para repreensão, correção e educação (2Tm 3.16). A Bíblia nem sempre nos dá detalhes sobre como ajudar uma criança em meio a uma birra ou o que fazer quando um adolescente tem dificuldades com pornografia. Mas ela de fato nos dá os princípios para respondermos e criarmos bem nossos filhos (discipulado, disciplina, mordomia, orientação e treinamento). Ao pedirmos, o Espírito nos dá toda a sabedoria para aplicarmos princípios gerais às especificidades da vida de um filho.

A Palavra de Deus dá tanto aos conselheiros quanto aos pais a sabedoria para saberem como se envolverem relacionalmente com os jovens e caminharem cuidadosamente ao longo de momentos de sofrimento, desafio, raiva, tristeza, ansiedade e disciplina. A Palavra de Deus nos dá o incentivo para perseverarmos na fidelidade e na oração pelos nossos filhos. Dentro dessa estrutura, há uma orientação específica para cada interação e a ajuda do Espírito para aplicar o princípio certo no momento certo.

ENCORAJANDO A CRIAÇÃO DE FILHOS PROATIVA AO INVÉS DA REATIVA

Quando uma criança ou adolescente vem ao aconselhamento, geralmente é em resposta a algum tipo de luta, problema ou comportamento na vida dele. Os pais raramente trazem as crianças para o aconselhamento de maneira proativa – ou seja, por terem identificado um padrão significativo na vida da criança antes de decidirem que aquele padrão se tornou urgente para buscar sugestões e encorajamentos externos. Quando isso acontece, a interação pode parecer e ser sentida mais como uma mentoria ou um discipulado.

Com muita frequência os pais respondem de forma reativa em vez de proativa aos filhos. Eles esperam para ter uma conversa difícil até que o filho esteja em apuros. Talvez uma criança tenha uma luta relativamente menor como não escovar os dentes, esconder seus deveres de casa e/ou discutir com seus irmãos. Ou talvez os problemas tenham escalonado para cola na escola, briga no recreio, uso de aplicativos ou websites inapropriados, pornografia, sexting, comportamento sexual e/ou uso de drogas. De qualquer forma, os pais tendem a esperar muito tempo para falar na vida de uma criança. Os pais precisam de ajuda a fim de estarem preparados para oferecer orientação bíblica a seus filhos quando percebem que esses estão em profunda dificuldade ou em um padrão de pecado.

Charles Spurgeon explicou da seguinte maneira a diferença entre a criação de filhos proativa e a criação de filhos reativa:

> Ouvi falar de um homem que disse que não gostava de predispor seu filho, portanto ele não lhe dizia nada sobre religião. O diabo, entretanto, estava bastante disposto a predispor o rapaz, portanto, muito cedo na vida, ele aprendeu a falar palavrão, embora seu pai tivesse uma tola objeção a ensiná-lo a orar. Se alguma vez você sentir que não é sua incumbência predispor um pedaço de chão semeando boa semente sobre ele, pode estar certo de que o joio não imitará sua imparcialidade. Onde o arado não vai e a semente não é semeada, as

> ervas daninhas certamente se multiplicarão. E se os filhos não forem treinados, todo tipo de mal surgirá em seus corações e em suas vidas.[6]

O argumento de Spurgeon mostra que é melhor moldar proativamente a visão de nosso filho sobre um assunto do que tentar desmascarar ou desarraigar uma visão imprecisa. É muito melhor ensinar-lhes o modo de vida de Deus do que esperar para falar até que eles tenham seguido seu próprio caminho (errado). Os filhos precisam de uma visão bíblica da vida e do mundo ao seu redor – uma visão que se estenda a todas as áreas de suas vidas e a todos os assuntos que eles possam enfrentar. Se os pais não compartilharem uma perspectiva bíblica com seus filhos, outra pessoa compartilhará sua visão de mundo e ela pode não se alinhar de forma alguma com a verdade. Quanto mais os pais trouxerem seus filhos proativamente à Palavra de Deus, enquanto se envolvem no mundo deles, mais eles equiparão seus filhos a permanecerem firmes contra as tentações e as pressões que enfrentam.

Quando os adultos permanecem em silêncio, as crianças perceberão esse silêncio como indiferença, inadequação ou ambos. Como conselheiros, precisamos nos comprometer a saber quais são as tentações que as crianças enfrentam na escola, nos grupos de amigos e nas mídias sociais, e então estarmos dispostos não apenas a abordar todas essas questões com elas, mas também a ensinar e incentivar os pais a fazê-lo também.

Trabalhar com os jovens significa também ajudar os pais. Ensinar a criação de filhos proativa significa sempre prestar atenção aos padrões sutis que tendem a se infiltrar na vida das crianças ou no estilo de vida de uma família. As práticas que não parecem problemáticas no início e podem até ser necessárias (como não participar do jantar em família ou permitir que as crianças fiquem ocupadas com eletrônicos) lentamente se tornam hábitos e gradualmente mudam a dinâmica em casa. Esses padrões menos saudáveis acabam por corroer os relacionamentos e a conexão significativa com as crianças.

---

6 Charles Spurgeon, "Bringing Sinners to the Savior," Sermon No. 2731, *The Complete Works of C. H. Spurgeon* (Harrington, DE: Delmarva Publications, 2013).

Como conselheiros, precisamos estar atentos a forma como a criação de filhos passiva tem afetado os lares das famílias que estamos aconselhando. À medida que eu interajo com as famílias, muitas vezes me preocupa que haja cada vez mais passividade entrando na criação de filhos moderna. Embora eu tenha certeza de que esse fenômeno não é inteiramente novo, noto que os pais hoje em dia frequentemente desejam ocupar os filhos em vez de envolvê-los. A maior parte do tempo eles estão tentando manter as crianças ocupadas e envolvidas em um fluxo infinito de atividades, ao mesmo tempo em que mantêm seus próprios horários ocupados. Somado a isso está o uso excessivo de eletrônicos que faz com seja fácil para os filhos ficarem ocupados por grandes períodos de tempo. Alguns pais acham que os dispositivos eletrônicos são babás seguras em casa. Pode parecer que as crianças estão mais seguras; afinal, quando estão usando um dispositivo eletrônico, é possível tê-las em casa, ocupadas e muito próximas dos pais. Os pais podem ver seus filhos, saber o que eles estão fazendo (assim o presumem) e sentir-se bem por seus filhos estarem passando tempo em casa.

Ao aconselharmos os pais, é bom que nos lembremos de que todos eles têm momentos em que precisam apenas de um pouco de paz e sossego – meia hora ou mais, onde as crianças estão envolvidas em um jogo ou assistindo à TV – a fim de que eles possam terminar um projeto ou cozinhar um jantar. Esses não são os momentos com os quais devemos nos preocupar. A verdadeira preocupação está nas intermináveis horas passadas navegando na internet, assistindo a vídeos, vivendo em redes sociais e em uma rotina de voltar para casa da escola e passar a maior parte do "tempo em família" em quartos separados engajados em outro mundo. Mesmo que toda a família esteja em casa, há pouca interação, nenhuma conversa significativa, e todos estão essencialmente vivendo em seu próprio mundo dentro das mesmas paredes.

Os pais são tentados a permitir isso – é mais fácil do que o envolvimento direto e parece benigno – mas essa não é uma atitude proativa dos pais. Em vez de conhecer os filhos, os pais que permitem essa desconexão estão deixando-os à deriva. Em vez de edificarem proativamente os relacionamentos e ensinarem princípios bíblicos que ajudarão seus filhos a viverem com gentileza e sabedoria, os pais que não estão alerta podem acabar permitindo que seus filhos vivam em um mundo próprio onde a maior parte da contribuição direta que recebem vem de seus pares ou de alguma forma de mídia.

As crianças podem vir para o aconselhamento por causa de um problema que se apresentou quando esse não é de fato o problema principal. Estou descobrindo cada vez mais que as crianças têm se debatido com essas coisas como questões secundárias. Por exemplo, um pai traz um filho de quinze anos para o aconselhamento porque suas notas caíram, ele corre o risco de ser expulso de seu time de beisebol e acaba de ser pego enviando mensagens de conteúdo sexual à sua namorada; essas são as principais razões pelas quais ele está no aconselhamento. Entretanto, à medida que você começa a se aprofundar, descobre que ele se sente desligado de sua família, seus colegas estão se tornando sua voz da razão e de sabedoria, e seus pais perderam a capacidade de ter voz/influência em sua vida. É impossível lidar bem com tais coisas sem que os pais entrem na equação. Os pais podem ou não ser parte do problema, mas eles sempre farão parte da solução.

Como conselheiros, podemos ser de particular bênção e apoio quando convidamos os pais diretamente para o processo de ministrar aos seus filhos. Embora seja possível que estejamos trabalhando principalmente de forma individual com um jovem, precisamos manter fresco em nossas mentes que os pais também precisam de encorajamento e de orientação. A nós tem sido confiada a carga mais preciosa dos pais. Eles levarão seus filhos para casa todos os dias e precisarão de nosso apoio para atravessar águas turbulentas. Não esqueçamos de fazer deles uma parte do processo de ajudar seus filhos.

4
ATIVIDADES EXPRESSIVAS: UMA FUNDAMENTAÇÃO BÍBLICA

> Como águas profundas, são os propósitos do coração do homem, mas o homem de inteligência sabe descobri-los. (Pv 20.5)

Com demasiada frequência esperamos que as crianças e os adolescentes sejam perspicazes e articulados. Esperamos que eles nos digam o que estão pensando e sentindo, e depois nos digam o porquê. Esse nível de autoconsciência é demais para se esperar até mesmo de alguns adultos. Como conselheiros, precisamos trabalhar arduamente para adquirir sabedoria e habilidades que ajudarão a extrair o mundo interior de um indivíduo. Queremos ser cativantes, prudentes e atenciosos na forma como ajudamos a descobrir o que está acontecendo lá dentro da pessoa.

As crianças geralmente não estão em uma fase de desenvolvimento em que possam refletir sobre si mesmas. Muitas vezes, elas não têm capacidade, maturidade ou habilidade para pensar sobre suas emoções, processos de pensamento e motivações. Elas *possuem* emoções, pensamentos e são muito motivadas por desejos internos, mas frequentemente não conseguem entender essas dinâmicas por si mesmas, que dirá verbalizá-las a nós.

Os jovens estão sempre expressando seus corações, quer eles percebam ou não. No aconselhamento, queremos proporcionar-lhes um meio natural para que expressem o que está acontecendo internamente. Essa prática exige que nós, conforme afirma Provérbios 20.5 acima, cresçamos na habilidade de envolvê-los e de trazer à tona o que está no interior. Também devemos nos esforçar para sermos igualmente habilidosos e ternos em falar a verdade em suas vidas. Colossenses 4.6 nos encoraja nessa prática: "A vossa palavra seja sempre agradável, temperada com sal, para saberdes como deveis responder a cada um".

Como mencionado anteriormente, muito do nosso sucesso ou fracasso em extrair o interior das crianças tem mais a ver com nossa habilidade em nos conectarmos com elas do que com a capacidade delas de se articularem. Devemos ter muito cuidado para sermos prontos para ouvir e tardios para falar (Tg 1.19) à medida que conhecemos um jovem. Nossos esforços para conhecer e compreender uma criança são vitais para avançarmos de um modo que encontre a criança de forma precisa e pessoal em seu ponto de necessidade. Os métodos abaixo fornecem caminhos diretos para abrir esse tipo de diálogo construtivo.

O QUE QUEREMOS DIZER COM "ATIVIDADES EXPRESSIVAS"

Eu gosto de usar o termo *terapias expressivas* ou *atividades expressivas* para descrever meus métodos de ajudar a trazer à tona o mundo interior de meus jovens aconselhados, porque esse conceito engloba muitos métodos e válvulas de escape expressivas que eu tenho achado particularmente úteis.

As atividades expressivas são demonstrativas, são formas cativantes de extrair o que está acontecendo no coração e na mente de um indivíduo. Cada atividade é tanto expressiva (significativa e comunicativa) quanto projetiva (simbólica de seu mundo interior) e procura encontrar maneiras de entender os indivíduos e de ajudá-los a crescer. As atividades são usadas para ajudar a descobrir os pensamentos e sentimentos de uma pessoa de uma forma indireta e não ameaçadora. Elas são caminhos para encontrar uma criança em seu nível de desenvolvimento e em seu nível emocional. Ao usá-las, entramos no mundo de uma pessoa jovem e fazemos experiências usando os métodos mais naturais para ela. Saímos de nossa própria maneira natural de nos relacionarmos com crianças e usamos a "linguagem" delas para entrar em seu mundo.

Considere como Anne Sullivan, uma tutora, entrou na escuridão e na confusão do mundo da jovem Helen Keller. Helen, que tinha sido cega e surda desde a infância, era considerada inalcançável. Ela tinha frequentes explosões violentas e incontroláveis devido à sua incapacidade de se comunicar com aqueles ao seu redor. Seu mundo era escuro, solitário e aparentemente inacessível, até que Anne Sullivan entrou em sua vida e se esforçou para quebrar seu silêncio. Seguiu-se uma batalha para alcançar o que parecia inalcançável - a mente e o coração de Helen. O filme *The Miracle Worker* é a história do amor, da determinação e da persistência de uma tutora para quebrar as barreiras e a escuridão do mundo de Helen Keller. Helen não tinha linguagem ou meios para expressar a si mesma ou o seu mundo. Sua professora lhe deu um meio de expressar o que estava dentro de si – uma linguagem para atraí-la para fora. O compromisso e a dedicação absolutos levaram Anne a usar sinais e objetos manuais para entrar na experiência escura e silenciosa de Helen e trazer um sopro de vida e de esperança.[7]

Esse é o tipo de amor encarnado que Deus está nos chamando a exibir às crianças que vêm até nós para obter ajuda. Esse é o tipo de amor que encontra as pessoas onde elas estão e depois as encoraja a crescerem em amor a Deus e aos outros.

Pense nas muitas maneiras que Deus nos serviu de exemplo dessa forma de amor. Entendemos Deus somente porque ele nos alcançou e nos envolveu em nosso nível. Ele falou a nós de maneiras que pudemos entender, usando histórias e parábolas, a criação e muito mais para comunicar quem ele é e quem somos em relação a ele (Sl 19.1-4; Rm 1.19-20). Ele fez ainda mais do que isso, enviando seu Filho para viver plenamente nossa experiência e habitar entre nós, morrendo na cruz por nós (Fp 2.6-8). Jesus participou plenamente de nossa fraqueza e humanidade, de nossas limitações e lutas (Hb 4.15). Ele entrou em nossa experiência sombria e soprou vida e esperança.

Os missionários também entendem isso – a necessidade de mergulhar completamente em uma cultura, língua e mentalidade a fim de realmente conhecer, entender e ministrar a um grupo de pessoas não alcançadas.

7 William Gibson, *The Miracle Worker*, dir. Arthur Penn (Los Angeles: Playfilm Productions, 1962), motion picture.

É necessário tempo, energia, recursos e estudo cuidadoso para saber como uma cultura diferente opera, pensa e aborda a vida, e também para saber de que maneira determinar como levar o evangelho efetivamente a eles.

Pense em outras populações que têm dificuldade para expressarem o que está acontecendo internamente: os deficientes mentais ou físicos, aqueles com lesões cerebrais, os idosos etc. Há muitas pessoas que se encontram em uma fase da vida ou em uma situação em que já não mais possuem as habilidades verbais para comunicarem-se com o mundo ao seu redor. Elas estão presas, sem meios de transmitir suas necessidades ou seus desejos. O amor de Deus nos obriga a sermos atenciosos, intencionais e cativantes para envolver bem as pessoas. É nossa responsabilidade e privilégio encontrar maneiras de nos envolvermos com crianças e adolescentes.

ATIVIDADES EXPRESSIVAS NO ACONSELHAMENTO

Talvez você já tenha ouvido falar de atividades expressivas e terapias expressivas antes. Você tem uma vaga consciência de que elas são frequentemente utilizadas na prática do aconselhamento para ajudar todas as pessoas, mas particularmente os jovens. Vamos dar uma olhada em como esses métodos são geralmente utilizados no campo terapêutico. Considere a seguinte imagem:

O GUARDA-CHUVA DE ATIVIDADES EXPRESSIVAS

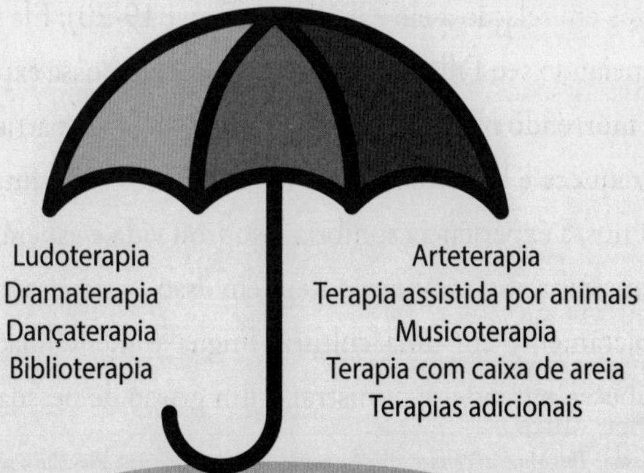

Na maioria das vezes, a arte, o drama, a dança, a música, os animais e outras experiências táteis são usados no mundo da ludoterapia (um termo que vou definir abaixo). Vou tentar ampliar a linguagem da ludoterapia para incluir (e transformar) essas atividades em algo mais expressivo ou "criacional".

A Association for Play Therapy [em português, Associação para a Ludoterapia (ATP)] define a ludoterapia como "o uso sistemático de um modelo teórico para estabelecer um processo interpessoal onde terapeutas lúdicos treinados utilizam os poderes terapêuticos da brincadeira para ajudar os clientes a prevenirem ou resolverem dificuldades psicossociais e alcançarem crescimento e desenvolvimento ideais".[8]

Por causa de seu nome, muitas pessoas que ouvem o termo "ludoterapia" assumem erroneamente que um conselheiro está apenas sentado com uma criança, brincando com brinquedos, e que há muito pouco trabalho intencional sendo feito. Quando um conselheiro está empenhado em realmente ajudar um jovem a crescer e se curar, isso não poderia estar mais longe da verdade. Há uma habilidade em saber como usar a brincadeira para trazer à tona o que se passa no interior de um jovem e falar reflexivamente de volta ao seu mundo.

Aqueles no campo (secular) da ludoterapia trabalham arduamente para falar a língua das crianças. Eles trabalham para encontrar ferramentas e recursos que ajudem as crianças a resolverem as lutas da vida. Há o compromisso de entender as crianças em termos de desenvolvimento, de ter um conhecimento profundo dos problemas que os jovens enfrentam, de compreender o impacto desses eventos dolorosos e de oferecer recursos para ajudar as crianças a serem curadas e crescerem. Algumas descrições muito breves dessas terapias são as seguintes:

- Arteterapia: o uso das artes visuais (pintar, colorir, colar, esculpir, desenhar etc.) para permitir a expressão criativa e ajudar a expressar as lutas e superar as limitações da linguagem. Se as emoções são muito difíceis, confusas ou dolorosas para serem verbalizadas, a arte pode se tornar outro caminho ao trabalhar as coisas difíceis.

8 Association for Play Therapy, "Why Play Therapy?" https://www.a4pt.org/ page/CopyofWhyPlayThera

- Terapia assistida por animais: uma intervenção de aconselhamento que incorpora animais (cavalos, cães, gatos, porcos, pássaros, etc.) ao aconselhamento a fim de aumentar ou complementar os benefícios do aconselhamento. Mais do que simplesmente passar tempo com um animal, a terapia assistida por animais envolve objetivos, planos e resultados específicos. Essa terapia muitas vezes é utilizada em processos judiciais, casas de repouso, escolas, bibliotecas etc.
- Biblioterapia: Às vezes referida como terapia de poesia ou contação de história terapêutica, é uma abordagem criativa que incorpora a narração de histórias ou a leitura de textos específicos com um propósito de cura.
- Terapia com caixa de areia: uma intervenção não-verbal usando uma caixa de areia, miniaturas de brinquedo e, às vezes, água para criar mundos em miniatura refletindo os pensamentos interiores, as lutas e as preocupações da pessoa.
- Musicoterapia: O uso terapêutico de música ou de atividades musicais que tipicamente envolve ouvir música, cantar, tocar instrumentos musicais ou compor música para produzir um certo resultado. Isso muitas vezes é usado em diversas populações; por exemplo, as casas de repouso frequentemente irão incorporar harpistas e outras formas de terapia musical, para ministrar a essa população.
- Terapia de horticultura: o uso de jardinagem ou atividades com plantas, facilitadas por um conselheiro treinado para atingir objetivos terapêuticos.

Essa lista não pretende ser exaustiva, mas fornecer uma imagem das metodologias que podem ser usadas para ajudar a facilitar a comunicação interpessoal, reduzir a ansiedade, melhorar o funcionamento cognitivo, promover a reabilitação física ou resolver as lutas da vida.

Muitos na área de aconselhamento profissional acreditam que somente profissionais licenciados podem usar a ludoterapia para ajudar os indivíduos a se articularem melhor e resolverem seus problemas. Isso é como dizer que brincar com crianças ajuda, mas não tente isso em casa – somente um profissional treinado pode fazer isso! Embora haja sempre sabedoria em desenvolver uma forma profissionalmente praticada de entender e ajudar os outros, muitas vezes o mundo secular toma muitas coisas que você e eu sabemos que são sábias e úteis no âmbito relacional, e as transforma em um modelo terapêutico que somente especialistas podem acessar.

METODOLOGIA E COSMOVISÃO

Como conselheiros que seguem o Senhor e cuja prática está fundamentada na Palavra de Deus, entendemos que nenhum método de aconselhamento é neutro em sua abordagem às pessoas. Todas as terapias e metodologias vêm com pressupostos e fundamentos filosóficos que informam o modo como as técnicas são utilizadas. Devemos sempre trabalhar para discernir o que está por trás de qualquer método antes de abraçá-lo. Às vezes as terapias seculares funcionam *a despeito de*, não por causa de, seu entendimento filosófico. Jamais devemos adotar métodos de aconselhamento sem crítica, mas devemos nos perguntar como cada um deles se encaixa no mundo e nos caminhos de Deus.

Muitos dos principais métodos de aconselhamento foram desenvolvidos à parte de uma cosmovisão distintamente cristã, portanto, é natural que quando os examinamos, encontraremos o potencial para pressupostos errados e conclusões errôneas sobre as pessoas e seus problemas. No entanto, isso não significa que esses métodos não possam ser incorporados de forma útil ao aconselhamento de maneiras que sejam distintamente cristãs e bíblicas. As terapias expressivas podem funcionar, mas por razões muito mais ricas, profundas e precisas quando as reinterpretamos por meio de uma matriz bíblica.

Pelo fato de o amor de Deus nos chamar a caminhar em direção aos outros e a compreendê-los, todos nós precisamos, em graus variados, trabalhar de maneira cativante, trazendo à tona o interior uns dos outros. Embora permaneçamos comprometidos em ser biblicamente sábios em nossa compreensão da natureza humana, podemos nos beneficiar das percepções que esses métodos nos proporcionam em nossos esforços para extrair o interior dos outros.

Aquilo para o qual o mundo tenta encontrar sentido, a Escritura tem uma explicação melhor. A criação nos reorienta para o Criador, e toda a beleza tem o objetivo de nos apontar para o Mestre Artista. A vastidão do mundo de Deus coloca a natureza temporal de nossos problemas e da vida em pleno foco. Ela nos relaxa, nos liberta e nos lembra o que tem valor. Tendo isso em mente, percebemos que, em sua graça, Deus proporcionou muitas experiências comuns nesse mundo com o intuito de dar oportunidades reflexivas e restauradoras para reflexão pessoal. As atividades expressivas podem nos ajudar a experimentar a graça de Deus e a cura por meio de atividades comuns.

Considere as seguintes perguntas:

- Por que um veterano com TEPT pode se sentir calmo e mais em paz descendo um rio de caiaque?
- Por que as pessoas fazem caminhadas ou trilhas para limpar a mente?
- Por que é reconfortante acariciar um cavalo ou segurar um animal? Por que nos sentimos um pouco menos sozinhos?
- Por que desejamos nos sentar em uma praia com nossos pés na areia e nosso rosto ao ar e observar as ondas, a imensidão do oceano – e por que isso tende a ajudar a colocar a vida novamente em perspectiva?
- Por que as crianças gostam de caixas de areia e de construir castelos de areia na praia?
- O que há no ato de cavar a terra e plantar algo bonito que dá a sensação de abundância de vida e realização?
- Por que os asilos, os hospitais e até os tribunais acham que ter um animal traz vida, prazer e conforto para os desanimados?

A terapia assistida por animais, a terapia assistida pela natureza, a terapia da natureza selvagem, terapia de horticultura, terapia com caixa de areia, musicoterapia e outras formas de terapia lúdica, todas elas exploram a verdade de que a criação oferece algo curativo e reorientador em nossas vidas. Há muitos exemplos de como a natureza e a criação ministram para nós.

A natureza aponta para um Criador muito pessoal. A criação nos reorienta. Ela aponta para alguém muito maior do que nós mesmos e nos leva a um relacionamento com ele – alguém que é pessoal e interativo, não passivo e distante. A criação nos aponta inerentemente para o Deus que é maior do que nós mesmos e do que as nossas lutas. O Salmo 19.1-2 expressa isso de forma bela: "Os céus proclamam a glória de Deus, e o firmamento anuncia as obras das suas mãos. Um dia discursa a outro dia, e uma noite revela conhecimento a outra noite".

Gosto de pensar nas terapias expressivas como um "aconselhamento criativo" – usando coisas na natureza para nos lembrar de verdades bíblicas e nos apontar para o Senhor. Parece ao mesmo tempo cativante e sábio usar a criação de Deus para atrair aqueles que aconselhamos para o que é verdadeiro, certo e bom. Estamos pegando as coisas que o mundo secularizou ou "terapeutizou" e reivindicando o que é bíblico e vivificador em nossa experiência com a natureza.

Caio era um garoto de quatorze anos que não queria estar no aconselhamento. Como muitos jovens, ele vinha porque seus pais o queriam ali, não porque ele admitiu que precisava de ajuda. Seus pais viram uma mudança perceptível em seu comportamento em relação à escola, assim como em relação à família. Ele estava menos tolerante, ficava muito agitado facilmente e suas notas estavam caindo de forma brusca. No último mês, Caio havia sido enviado duas vezes ao escritório do diretor, recusando-se a cooperar nas aulas e mostrando desrespeito para com um professor. Em minha sessão inicial com os pais, eles me avisaram que ele poderia ser hostil em sua primeira sessão.

Quando cumprimentei Caio com um sorriso e me apresentei, Caio não respondeu. Ele simplesmente se levantou e me seguiu como se estivesse indo em direção à guilhotina. Eu perguntei: "Caio, você gosta de cães? Eu tenho um cão de terapia em meu consultório; tudo bem por você?".

Já sabendo por seus pais que Caio realmente gostava de cães, esperei para ver como ele responderia. Ele deu de ombros sem olhar para cima, mas assim que abri a porta do meu consultório, um sorriso cruzou seu rosto enquanto

Spud, o cão de terapia, o saudou alegremente. Caio ajoelhou-se para acariciar Spud enquanto eu colocava em meu escritório cadeiras confortáveis, tapetes coloridos e estantes cheias de miniaturas, jogos e obras de arte.

Spud seguiu Caio até o sofá enquanto ele se afundou ali e continuou a acariciar seu novo amigo. "Esse cachorro é seu?", perguntou Caio.

"Sim, Spud é um cachorro de resgate. Ele foi abusado quando mais jovem e depois resgatado, adotado e treinado como cão de terapia". Eu compartilhei a história de Spud e como ele teria todos os motivos para não confiar nos humanos – mas, com o devido tempo e ao aprender a confiar, ele agora ajudava as pessoas.

Caio não olhou para cima, mas continuou a acariciá-lo, então disse: "Isso parece comigo".

"Sério? Em que sentido?", eu perguntei. Caio começou a se abrir sobre ser adotado de um orfanato e como ele se sentia pouco amado. Eu nunca tinha recebido uma criança resistente que se abrisse tão rapidamente.

Eu esperava que fossem necessárias muitas reuniões para criar confiança; levou minutos com Spud na sala. Um animal amigável com uma história significativa diminuiu imediatamente a resistência de Caio e cultivou nele uma disposição em se abrir. A história de Spud também foi uma ponte construída para ele acreditar que se Deus se importava com esse animal maltratado, quanto mais ele se importaria com Caio e sua história.

As terapias expressivas utilizam distintamente a criação de Deus para proporcionar conforto e resolver lutas, mas devem ser usadas com especial intencionalidade para apontar expressamente as pessoas àquele que em última instância dá vida e sentido. Devemos propor ativamente esses recursos porque eles são instintivamente bíblicos e criacionais; precisamos nos certificar de usá-los ao máximo a fim de apontar às pessoas o amor de seu Criador de forma convincente e proativa.

Como Paulo diz em Romanos 1.20, o universo, a criação e todas as suas criaturas fazem parte da história mais refinada e adorável já revelada, e tudo aponta para Deus. Por meio da criação e do uso da revelação geral, Deus comunica sua existência, seu poder e sua glória ao mundo inteiro, de modo que todos nós somos indesculpáveis. Toda revelação geral é destinada a apontar para seu Criador. Então, o fato de as pessoas encontrarem conforto, esperança e perspectiva quando são expostas à natureza não é algo que faz sentido? Portanto, podemos usar o que Deus criou para convidar as pessoas a ele!

Toda experiência com a criação ensina uma lição sobre a glória de Deus. Quando entramos na criação, há algo sobre a maneira como vemos a Deus que é muito experimental e pessoal. A criação proclama e dá testemunho da beleza, da liberdade criativa, da inteligência, do poder, da autoridade, da ternura e da majestade de Deus.

E nós somos parte de sua maravilhosa criação, um reflexo de sua maravilha e glória. Fomos criados de modo assombrosamente maravilhoso, nos lembra o Salmo 139.14. Toda a criação é um lembrete da bondade e da provisão de Deus para conosco. Ela nos proporciona um vislumbre dos novos céus e da nova terra que um dia desfrutaremos. É por isso que experimentar a criação por meio de terapias expressivas pode ser tão fundamental para destravar o coração dos jovens e construir uma conexão com eles que os abrirá para as verdades curativas do evangelho.

Estamos criando crianças com horários exagerados, altamente estressadas e cada vez mais solitárias e isoladas do que nunca. Uma vez que as crianças e os adolescentes de hoje tendem a passar cada vez mais tempo dentro de casa, eles estão cada vez mais distantes da criação de Deus do que jamais estiveram. Eles passam mais tempo conectados às telas do que nadando ou pescando em riachos. Em seu livro *A última criança na natureza: resgatando nossas crianças do transtorno do déficit de natureza*, o autor Richard Louv pesquisou como os jovens têm sido impactados pela privação do envolvimento com a criação. Suas pesquisas indicam que aqueles que passam tempo na natureza são mais saudáveis, menos propensos a doenças, menos estressados e mais adaptáveis.[9] Podemos entender isso, já que a criação nos aponta para um Criador que nos lembra de quem ele é e qual é nosso próprio lugar nesse mundo.

---

9 Richard Louv, *A última criança na natureza: resgatando nossas crianças do transtorno do déficit de natureza* (São Paulo: Aquariana, 2016).

Se toda a criação aponta para um Criador, e o aconselhamento se destina a apontar os jovens àquele que os conhece e a permitir que o Espírito trabalhe, mova e floresça em suas vidas, então é bom e correto que nós apliquemos a criação de forma cativante e sábia ao processo de aconselhamento.

COMO PODEMOS UTILIZAR AS ATIVIDADES EXPRESSIVAS OU A CRIAÇÃO NO ACONSELHAMENTO?

Então, como e quando empregamos essas atividades em nosso aconselhamento? Todos queremos uma fórmula: faça isso, não faça isso, diga isso, siga esses três passos. Mas perderemos a pessoa à nossa frente se não buscarmos primeiro a sabedoria de Deus. As ferramentas de aconselhamento, de métodos e de recursos são úteis e fornecem uma percepção; no entanto, elas nunca poderão substituir uma compreensão bíblica da natureza humana e da sabedoria para compreender o que fazer com elas.

Muitos conselheiros debatem como devemos ser diretivos (didáticos/instrutivos) ou não diretivos (retendo a interpretação/avaliação) quando trabalhamos com uma criança ou um adulto. Alguns argumentam que os conselheiros deveriam ser mais relacionais e menos didáticos, enquanto outros insistem em ser mais diretivos e menos passivos. A figura abaixo apresenta uma abordagem equilibrada, baseada na sabedoria bíblica.

SABEDORIA NA ABORDAGEM

Fundamentalmente, uma cosmovisão bíblica se inclinará para um aconselhamento mais diretivo do que não diretivo. Por quê? Porque sabemos pelas Escrituras que precisamos de aconselhamento fora de nós mesmos. Deixados à nossa própria sorte, somos propensos a vaguear e chegar a conclusões errôneas. Interpretações e conclusões imprecisas nos afastam de Cristo. Provérbios 3.5-6 nos lembra de que precisamos da liderança do Senhor: "Confia no Senhor de todo o teu coração e não te estribes no teu próprio entendimento. Reconhece-o em todos os teus caminhos, e ele endireitará as tuas veredas".

Os jovens precisam que nós os ajudemos não apenas a entenderem com exatidão suas vidas e experiências, mas precisam que, ao fazê-lo, os levemos àquele que dá sentido. O relato de Gênesis nos diz que os seres humanos foram criados dependentes de Deus para ter perspectiva e sabedoria. Como indivíduos, não temos suficiente sabedoria e perspectiva em nós mesmos.

Deus, nosso Pai, é a fonte de toda sabedoria e também corporifica uma compreensão relacional e empática. Isso é exposto de forma preeminente na encarnação de Jesus, que é a imagem expressa do Pai (Cl 1.13-23). Hebreus 4.15-16 acrescenta: "Porque não temos sumo sacerdote que não possa compadecer-se das nossas fraquezas; antes, foi ele tentado em todas as coisas, à nossa semelhança, mas sem pecado. Acheguemo-nos, portanto, confiadamente, junto ao trono da graça, a fim de recebermos misericórdia e acharmos graça para socorro em ocasião oportuna".

Cristo também é diretivo e nos oferece uma perspectiva reorientadora. Vemos como ele demonstra o coração do Pai na forma como ele se envolve com a mulher no poço (Jo 4.1-2). Jesus a viu, notou aquela mulher, moveu-se em direção a ela, envolveu-a e buscou conhecê-la – a fim de ajudá-la a conhecer a si mesma. É ele que se aproxima de nós.

Como resultado, a mulher "deixou o seu cântaro, foi à cidade e disse àqueles homens: Vinde comigo e vede um homem que me disse tudo quanto tenho feito. Será este, porventura, o Cristo?! Saíram, pois, da cidade e vieram ter com ele" (vv. 28-30). As pessoas foram ganhas pela forma como Jesus tratou a mulher e pelo que Jesus lhes revelou. A disposição de Jesus em conhecer a mulher inspirou confiabilidade e confiança nele. Todos nós precisamos ser conhecidos e todos nós precisamos de sabedoria externa a nós mesmos – a sabedoria que vem de Deus.

Não obstante, embora o aconselhamento diretivo seja muitas vezes necessário, também é extremamente importante escutar, refletir e permitir espaço e tempo para um indivíduo considerar o que ele está fazendo e escutando. As atividades expressivas podem facilitar esse processo providenciando um ambiente não ameaçador e relaxante. Queremos encorajar as crianças e os jovens a processarem e trabalharem seus sentimentos em suas situações ou eventos da vida e que se sintam plenamente ouvidos. Sem permitirmos espaço para o jovem refletir e processar em voz alta, podemos deixar passar a real necessidade à nossa frente por estarmos focando o que percebemos que a criança precisa.

Deixe-me demonstrar. Anos atrás, uma mãe solteira, Lívia, trouxe sua filha muito nova, Maitê, até mim. Lívia estava preocupada com a possibilidade de ter acontecido uma situação de maus-tratos na escola de sua filha. Eu refleti sobre como poderia extrair isso da garotinha e tentei discernir o que estava acontecendo. Eu levei Maitê até uma fileira de miniaturas de animais que eu tinha em meu escritório e permiti que ela escolhesse alguns para que pudéssemos usar em uma dramatização. Maitê foi atraída por um grupo de pequenas miniaturas de cachorros e pegou um punhado delas. Nós as colocamos cuidadosamente sobre a mesa onde estávamos trabalhando e eu comecei a formular uma dramatização sobre o tópico específico que preocupava a mãe da menina. Eu perguntei como o cachorrinho poderia reagir à circunstância.

Maitê respondeu mudando a história e falando sobre como o cachorrinho nunca podia ver seu pai. O filhote estava triste por não reconhecer o papai cachorro. Eu respondi admitindo o que ela disse e depois gentilmente a dirigi de volta à dramatização que eu iniciara. Eu fiz outra pergunta sobre como o filhote poderia responder às preocupações da mãe. Maitê voltou à sua história e repetiu o mesmo cenário que havia me dado. Eu reconheci sua história e depois voltei a redirecioná-la à minha história.

Novamente, quando foi a vez dela, ela compartilhou como o cachorrinho estava com medo de que o papai cachorro ficasse bravo com ele por não ir visitá-lo. O cachorrinho temia que logo fosse esquecer da aparência do pai. O cachorrinho estava com medo de que o papai cachorro ficasse muito bravo e o culpasse por não ir visitá-lo.

Foi então que uma luz se acendeu em minha cabeça. Eu olhei para a mãe, Lívia, apenas para ver que ela estava chocada com a revelação. Eu pedi a Maitê que me contasse mais e ela continuou a compartilhar como o cachorrinho não via seu pai há muito tempo e estava começando a esquecer-se da fisionomia dele. Ela estava com medo e triste porque o papai cachorro ficaria triste com ela por esquecer-se do rosto dele e por não ir visitá-lo.

Ficou absolutamente claro que minha agenda não era mais importante do que lidar com o que estava na mente e no coração dessa garotinha. Ao me juntar à história dela e fazer mais e mais perguntas, eu vi lágrimas se formando nos olhos da mãe. Eu pedi ao cachorrinho que perguntasse à mamãe cachorro o que estava acontecendo. Então, com a permissão da filha, convidei Lívia para os cenários de dramatização.

Maitê vinha lutando profundamente com o fato de que ela sentia falta do pai biológico e por não vê-lo há muito tempo. Sua mãe não tinha ideia de que isso estava acontecendo dentro da menina e de que sua filha culpava a si mesma. A atividade desvendou uma luta pela qual passava essa menininha e da qual ninguém tinha conhecimento.

Aqui está uma atividade expressiva/dramatização sendo realizada com uma criança com o intuito de trabalhar o que supomos ser o problema, mas que, na verdade, revelou ser outro na linha de frente do coração dessa criança. Esse foi um valioso momento de compreensão.

Às vezes podemos ficar tão focados no que percebemos ser o objetivo, que perdemos de vista alguma necessidade importante mais pontual. Ficou claro que eu me aproximaria dessa garotinha e tentaria resolver o objetivo estabelecido no aconselhamento que a trouxe até mim. Porém, se mostrou igualmente necessário que eu ouvisse e visse aquilo que era mais importante naquele momento.

Muitos conselheiros centrados nos aconselhados irão argumentar dizendo que esse é um excelente exemplo do motivo pelo qual é preciso ser menos diretivo. No entanto, eu argumentaria que isso exemplifica a necessidade que temos de modelar Jesus na forma como nos envolvemos com as pessoas. Seremos tanto atenciosos como diretivos enquanto escutamos bem, observamos e damos espaço para as pessoas compartilharem seu mundo interior.

Também há espaço para o fato de que, como conselheiros, podemos ter a tendência de ser mais diretivos ou mais não diretivos em nossa abordagem com as pessoas. Há muita liberdade aqui desde que seja a necessidade da situação e não as nossas preferências pessoais a tomarem a liderança da direção do aconselhamento. Nosso desejo de saber e de nos envolver bem com cada pessoa é o que deve informar se precisamos ou não ser mais diretivos ou menos diretivos. O amor pela pessoa que está diante de nós sempre nos manda avaliar as necessidades do momento e a trazer esperança e verdade a ela.

Eu quase deixei passar uma questão muito importante na vida dessa garotinha porque estava focada no que eu pensava ser a necessidade dela. Porém, você e eu também nos devemos sentir encorajados, pois quando o Espírito de Deus está operando em nós, Deus pode nos direcionar quando deixamos algo passar. É incrivelmente encorajador saber que, mesmo em nossos erros, Deus pode trabalhar na vida de uma pessoa. O Senhor pode abrir os olhos cegos de todos que estão envolvidos – inclusive os nossos. Não somos chamados à perfeição, mas ao compromisso de realmente conhecer bem as pessoas. Sejamos cuidadosos em ouvir bem, em ser tardios no falar, em extrair o interior da pessoa de forma cuidadosa e em ser sábios ao falarmos a verdade de volta aos corações.

O QUE VISAMOS FAZER?

Novamente, as atividades expressivas são atividades projetivas (que revelam o mundo interior de uma pessoa) que são utilizadas com o propósito de ajudar as crianças e os adolescentes (e até adultos) a comunicarem informações sobre si mesmos, seus mundos, seus relacionamentos e suas lutas de maneiras que parecem mais facilmente acessíveis. Nós, então, queremos ser equilibrados e cativantes ao comunicarmos esperança e verdade de volta àquelas experiências.

Os jovens são obras em andamento. Por causa do tempo, das mudanças de desenvolvimento e das novas estações da vida, eles sempre terão coisas novas às quais se adaptar. Ao mesmo tempo, temos um Deus fiel que está escrevendo cada uma dessas histórias.

Cada pessoa é diferente, com diferentes características, circunstâncias, lições, bênçãos, sofrimentos, voltas e reviravoltas. O Senhor deseja pegar as bênçãos e os sofrimentos de cada caráter indisciplinado e costurá-los em uma incrível narrativa de redenção e amor. Queremos ajudar as crianças a entenderem suas histórias e apontá-las ao Autor dessas histórias. Elas ainda estão sendo escritas e queremos ensinar essas crianças que o Autor da história é bom e que podemos confiar nele completamente.

5
PRINCÍPIOS E APLICAÇÕES

Muitas vezes as pessoas presumem que se você trabalha com crianças, isso deve ser fácil para você. Suponho que para alguns poucos isso possa ser verdade, mas para o resto de nós não é. Envolver-se totalmente com uma criança ou um adolescente requer trabalhar com afinco e pode ser cansativo. A prática regular de pensar e de se relacionar com os jovens no nível deles requer compromisso e um pensamento fora da caixa, bem como a busca constante de discernimento e sabedoria.

Pelo fato de o trabalho ser tão difícil, é tentador dependermos apenas de nossas próprias capacidades e inclinações naturais para amarmos e aconselharmos bem. Porém, isso pode facilmente nos levar a uma abordagem estereotipada e nos fazer deixar passar a variedade de necessidades que temos diante de nós. A ampla gama de situações e personalidades que encontramos no aconselhamento nos estica além de nossa capacidade natural e nos lembra de que precisamos do Espírito de Deus vivendo e trabalhando em nós para fazermos aquilo que nos parece desconfortável e fora de nosso conjunto de habilidades. O desafio adicional de nos envolvermos com crianças pode ser uma tentação para buscarmos as soluções mais fáceis e rápidas para as lutas que elas enfrentam, em vez de fazer o trabalho árduo de discernir o que é mais benéfico para os jovens que estamos servindo.

Parece simples, talvez até óbvio, que precisaríamos depender constantemente do Senhor para recebermos sabedoria e discernimento no aconselhamento. No entanto, muitas vezes descobrimos que estamos tentando funcionar sem nenhuma noção do envolvimento pessoal de Deus no processo. Atuamos dentro de nossas próprias aptidões e habilidades, dando pouquíssima atenção a como Cristo desempenharia um papel naquele momento. Devemos ter confiança não em nossa própria capacidade, mas na capacidade de Deus de trabalhar dentro de nós e de nos dar os recursos necessários para amar, compreender e falar a verdade.

DEPENDA DA PALAVRA DE DEUS

Ao avaliarmos as necessidades à nossa frente e buscarmos transmitir vida e verdade aos desafios que temos em nossas mãos, a Escritura será nossa âncora. A Palavra de Deus não só nos ensina a sabedoria relacional, mas nos mostra como o evangelho fala a todas as questões do coração e das situações da vida. Ela nos dá discernimento para saber como enfrentar amorosamente questões de ira, tristeza, disciplina, criação de filhos, longanimidade e muito mais.

As Escrituras nos dão a compreensão fundamental de quem cada um de nós é em relação a Cristo, o que ele fez por nós e de que maneira nosso ministério como conselheiros flui do desejo de conectar nossos aconselhados a essas verdades que dão vida. Esse alicerce nos dá um coração para disciplinar bem (escutar, exercer paciência, ensinar, orientar e treinar) enquanto o Espírito nos fornece a sabedoria e o compromisso necessários para aplicarmos os conselhos bíblicos à vida e às lutas de cada indivíduo. Se você estiver interessado em crescer em uma estrutura bíblica para seu aconselhamento, o ministério *The Christian Counseling and Educational Foundation*[10] tem uma abundância de ricos recursos.

É essencial que pensemos profunda e biblicamente sobre a vida e sobre a nossa compreensão das pessoas. Por meio da Escritura, "nos têm sido doadas todas as coisas que conduzem à vida e à piedade" (2Pe 1.3) e ela "é inspirada por Deus e útil para o ensino, para a repreensão, para a correção, para a educação na justiça" (2Tm 3.16). Comprometa-se em saber o que Deus tem a dizer sobre as lutas que nossos jovens têm enfrentado.

10 Saiba mais em: www.ccef.org.

DEPENDA DO ESPÍRITO DE DEUS

Você e eu não estamos sozinhos no aconselhamento. O Espírito de Deus está em ação e intimamente envolvido em nossas vidas e ministério. Haverá momentos em que não saberemos o que fazer ou como responder à pessoa que está diante de nós. Nos momentos em que nos sentirmos confusos, perdidos ou com o coração partido pelo que ouvimos, podemos confiar que o Espírito intercederá e nos dirigirá, dando-nos uma visão da ajuda de que nosso aconselhado precisa. Romanos 8.26 nos lembra de que, mesmo quando não sabemos o que orar, o Espírito Santo intercede em nosso favor.

É igualmente encorajador saber que o Espírito de Deus nos dirige. João 16.13 nos lembra: "Quando vier, porém, o Espírito da verdade, ele vos guiará a toda a verdade; porque não falará por si mesmo, mas dirá tudo o que tiver ouvido e vos anunciará as coisas que hão de vir".

Sabemos também a partir de João 14.26 que "quando o Pai enviar o Encorajador, o Espírito Santo, como meu representante, ele lhes ensinará todas as coisas e os fará lembrar tudo que eu lhes disse" (NVT). Haverá momentos em que nos sentiremos perplexos ou pegos desprevenidos, mas nunca estamos sozinhos nisso. Temos um Encorajador que instrui, conforta, recorda e intercede.

QUALIDADES DE QUE O CONSELHEIRO PRECISA PARA TRABALHAR COM PESSOAS JOVENS

Ao pensar no tipo de conselheiro que é mais eficaz com crianças, a tentação é pensar que uma pessoa feliz, assertiva, animada, divertida e de personalidade calorosa é a coisa mais importante a ser procurada. Da mesma forma, se você trabalha com adolescentes, pode pensar que precisa ser uma pessoa legal, engraçada, moderna, na moda, sociável e extrovertida. Embora essas qualidades pareçam ser vantajosas na conexão com os jovens, às vezes elas podem ser enfatizadas em demasia.

Alguns dos conselheiros mais sábios e eficazes que conheço são naturalmente introvertidos, descontraídos e de natureza mansa, mas são incrivelmente dotados para fazer com que as pessoas (inclusive os adolescentes) se sintam bem cuidadas. Nada substitui o verdadeiro cuidado e interesse por uma pessoa jovem. Crianças e adolescentes podem ser incrivelmente perspicazes em detectar cuidados e preocupações falsos. Da mesma forma, quer pensemos ou não que estamos programados para trabalhar com os jovens, eles irão perceber quando alguém genuinamente demonstrar que gosta deles e os escuta.

Acredito que podemos crescer e desenvolver habilidades no trabalho com crianças e adolescentes, mesmo que não sintamos que isso nos seja algo natural. Essas habilidades crescerão à medida que você pedir ao Espírito que lhe dê um amor profundo e genuíno pelas crianças que você está aconselhando.

Como é o amor quando se fala com crianças e jovens? Abaixo estão algumas formas específicas de mostrar a uma criança que estamos genuinamente interessados nelas e comprometidos a amá-las do jeito que Deus as ama.

- Conexão no nível de desenvolvimento deles.
- Vontade de aprender sobre o mundo, a cultura e as experiências deles.
- Paciência com comportamentos de não conformidade, distração ou de busca por atenção.
- Gentileza quando se deparar com sarcasmo e rebeldia.
- Capacidade de ouvir e dedicar tempo para garantir que eles se sintam compreendidos.
- Capacidade de fazer perguntas abertas e de obter mais informações quando as respostas fornecidas forem curtas.
- Um entendimento de que eles são limitados na capacidade de mudar as circunstâncias.
- Disposição para trabalhar com os pais e o contexto familiar.
- Capacidade de permanecer ativo e engajado.
- Prontidão para ser flexível com o humor de uma criança ou de um adolescente que não tem vontade de falar.
- Flexibilidade para ter múltiplas opções e planos quando sua primeira abordagem não for bem-sucedida.

- Disposição para ser inventivo e espontâneo e se adaptar conforme necessário.
- Habilidade de ser leve e envolvente.
- Perseverança quando encontrar resistência.

FORMAS PRÁTICAS DE DEMONSTRAR AMOR

Quando ministramos a uma pessoa jovem, queremos que ela sinta que a entendemos. A habilidade é trazer à tona o que está dentro daquele jovem; o dom é realmente compreender. Nenhuma habilidade pode substituir o cuidado genuíno e o "conhecer" uma criança.

As crianças podem regularmente nos apresentar surpresas ou algo que não esperamos, então devemos estar dispostos a encontrá-las naquele momento, nos envolver com o que é importante para elas e sempre ficar de olho na direção para onde precisamos levá-las.

Devemos evitar nos apresentar de forma falsa ou paternalista. Não devemos tentar fingir que somos descolados ou agir como algo que não somos. Vale a pena ser contemporâneo e "estar ligado", mas os jovens percebem os adultos que realmente não estão atualizados em relação ao mundo deles e sentem a natureza paternalista daqueles que fingem estar mais informados do que realmente estão. É muito melhor ser um adulto verdadeiramente atencioso, que está um pouco "por fora", mas disposto a aprender, do que um adulto que tenta agir como se fosse legal ou descolado, mas que deixa o jovem passar batido.

Precisamos nos vestir de uma maneira que seja confortável tanto para nós quanto para a faixa etária com a qual estamos trabalhando. Queremos usar roupas que possibilitem a facilidade de sentar-se no chão, ajoelhar, entrar e sair do papel que desempenhamos, jogar uma bola, ou sentar-se no chão com um quebra-cabeça, com bonecos, ou miniaturas. Não queremos que a maneira como estamos vestidos nos limite na interação com um jovem. Queremos que os jovens sintam-se à vontade e confortáveis – se você e eu estivermos vestidos com trajes de negócios, podemos facilmente passar a sensação de sermos implacáveis para uma criança ou adolescente.

HABILIDADES PRÁTICAS AO AMARMOS CRIANÇAS POR MEIO DE ATIVIDADES EXPRESSIVAS

À medida que começamos a atrair as crianças para atividades expressivas, há métodos que tornarão uma atividade frutífera, bem como práticas que podem levá-las ao fracasso. Quando uma interação com um jovem sai dos trilhos ou parece ser um fracasso total, geralmente isso tem mais a ver com nossa habilidade em abordar uma criança do que com a própria atividade. Somos rápidos em eliminar uma abordagem que consideramos "ineficaz" ou "inútil", quando a realidade frequentemente tem mais a ver com a forma como implementamos a ferramenta.

Por exemplo, você pode realizar uma atividade sem muita preparação e depois começar a aplicá-la com uma criança sem ter um caminho claro do que você espera realizar. As instruções e os exemplos não ficam claros e a criança não entende. Portanto, a criança dá respostas que não são reveladoras ou úteis. Você (e talvez a criança) considera a atividade como um recurso inútil. Por outro lado, se você tivesse parado para refletir sobre o porquê de ter escolhido aquele recurso, e tivesse desacelerado, dado instruções claras e parado para discutir a atividade, provavelmente o resultado teria sido muito diferente.

Abaixo estão alguns princípios sobre como envolver-se bem com crianças e adolescentes. À medida que você repassa essa lista, tenha em mente que sempre há exceções à regra e que você vai querer flexibilizar e adaptar a atividade à criança que está diante de você.

1. *Dê instruções um passo de cada vez.* Dê o primeiro passo, deixe que elas façam perguntas se precisarem de esclarecimentos, depois dê tempo para que elas completem a tarefa. Quando se dá demasiados passos de uma vez, as crianças têm a tendência de apressar-se, pular passos ou esquecer-se do que lhes pedimos. Incentive-as a levar o tempo necessário, vá devagar e explique que não há pressa. Seu objetivo é extrair o que está lá dentro, não apressar a conclusão.

2. *Mantenha as instruções simples e claras.* Como adultos, podemos explicar demais e muitas vezes dar detalhes demasiados. Você confundirá, perderá, aborrecerá e afastará os jovens com a monotonia de palavras desnecessárias, longas instruções e explicações confusas. Palavras desnecessárias tendem a confundir e distrair em vez de trazer clareza. Pense em como você vai dizer alguma coisa. Pergunte-se: "Existe uma maneira mais simples de dizer isso?". Uma vez que você tenha se decidido quanto a sua explicação, não invente várias maneiras de dizê-la. Quanto mais você elabora, mais você confunde. As crianças podem se perder no que você lhes pede para fazer quando você se torna muito falador, usa linguagem complicada ou apresenta múltiplas ideias que as confundem.

   Por exemplo, se eu disser: "Eu quero que você escreva as pessoas de quem você é próximo, com quem você tem o melhor relacionamento ou que você acha que goste mais", na verdade eu dei três perguntas muito diferentes a uma criança. É melhor simplesmente dizer: "De quem você é mais próximo?" e depois esperar e ver o que eles fazem com a pergunta. Mesmo que você pense que deu orientações inúteis, pode valer a pena esperar que eles peçam clareza. Uma criança dirá com frequência: "Como assim?". Se ele ou ela parecerem hesitantes ou confusos, você pode reafirmar suas orientações de uma nova maneira que ele ou ela entenda melhor. Mesmo que a criança faça algo muito diferente do que você pretendia, ainda assim a resposta revelará a capacidade cognitiva e a percepção situacional da criança ou do adolescente.

3. *Verifique com a criança para saber se ela entendeu suas instruções.* Basta perguntar: "Você tem alguma pergunta?". Embora algumas crianças peçam esclarecimentos, outras podem ter medo de admitir que não entenderam. Você pode certificar-se de que elas estão acompanhando você pedindo-lhes que repitam as instruções que você deu.

4. *Ao pedir a uma criança ou adolescente que faça um brainstorming com você, ou quando eles estiverem fazendo uma lista, evite perguntar "Acabou?"* Isso tende a encerrar a discussão. Ao contrário, fazer a pergunta "O que mais?" várias vezes durante toda a atividade encorajará a criança a dizer que há mais a dizer. A criança ou o adolescente falarão mais e compartilharão mais quando você assumir que eles têm mais a compartilhar, e eles lhe informarão quando realmente terminarem.
5. *Considere a utilidade de completar uma atividade junto com elas.* Algumas crianças vão gostar se você for modelo e compartilhar sua atividade assim como elas compartilham a delas. Entretanto, as crianças também podem ser tentadas a copiarem o que você faz ou a acreditarem que o seu caminho deve ser o caminho certo. Eu tenho o cuidado de não terminar uma atividade junto com elas; em minha experiência, minha resposta pode muitas vezes impactar como elas moldam suas próprias respostas.
6. *Considere como e quando o silêncio é útil, ou, ao contrário, desconfortável.* Muitas vezes você pode usar uma música de fundo sutil para preencher qualquer silêncio desconfortável. A música pode acalmar, relaxar e criar um ambiente confortável para crianças e adolescentes. No entanto, alguns podem achá-la perturbadora, portanto, esteja preparado para desligá-la se necessário. Pegue dicas sobre como eles gostam de conversar enquanto fazem as atividades ou se eles precisam apenas se concentrar. Algumas crianças gostam de conversar e explicar o que estão fazendo enquanto trabalham. Elas podem até estar mais abertas a compartilharem coisas difíceis enquanto a atenção delas está em uma atividade.
7. *Não suponha que você compreende um projeto concluído que uma criança lhe apresenta.* Embora possa parecer óbvio, deixe-os sempre explicarem o trabalho que fizeram. Peça-lhes que lhe digam o que eles desenharam, que miniatura escolheram ou que cor usaram.

É muito melhor deixar uma criança lhe dizer o que ela desenhou, escreveu ou fez do que acreditar que você sabe o que ela fez e adivinhar incorretamente. Nós nos preocupamos com as percepções delas sobre o que criaram, não com as nossas. Quando você faz suas próprias suposições, às vezes identificará errado o que a criança fez – e a criança pode ou não corrigir você. Isso pode mudar a conversa ou o pensamento original da criança sobre o assunto. Algumas crianças irão corrigi-lo se você estiver errado, mas outras terão medo de corrigi-lo.

Também tenha cuidado ao proferir palavras de forma que a sua suposição fique implícita. Por exemplo, ao invés de perguntar para a criança "Por que você escolheu aquele sapo roxo?", uma resposta mais útil seria "Diga-me o que você escolheu que representa a sua mãe. Por que você escolheu isso?".

8. *Faça perguntas abertas sempre que possível.* Perguntas com respostas de "sim" e "não" tendem a terminar uma conversa, enquanto perguntas abertas – perguntas que não podem ser respondidas com um simples "sim" ou "não" – estimulam uma explicação. Também é melhor fazer perguntas usando a palavra "o quê" do que perguntas usando a palavra "por quê". Perguntas do tipo "por que" podem ser úteis quando se quer entender o motivo pelo qual uma criança escolheu um objeto em particular ou deu uma resposta específica, mas também é fácil para uma criança encolher os ombros e dizer: "Não sei". Perguntas que usam "o que", tais como "O que estava acontecendo na foto?", tendem a promover uma discussão melhor.

Quando chegarmos às atividades expressivas que descrevo mais tarde no livro, vocês verão que muitas vezes peço às crianças que façam um *brainstorming* comigo. Elas poderiam fazer um *brainstorming* de todas as possibilidades potenciais para o que estão pensando, o que estão sentindo, por que estão sentindo etc. Os jovens muitas vezes não sabem o que estão pensando ou por que fizeram o que fizeram. Talvez eles tenham razões múltiplas e conflitantes para estarem chateados ou para explicarem como responderiam a uma pergunta. Muitas vezes eles sentem a pressão de uma resposta correta. Talvez eles se sintam pressionados para responder a perguntas difíceis apesar de não estarem preparados. Quando isso acontece, eles tendem a se fechar, dizer "não sei" ou encolher os ombros e dar a resposta que eles acreditam que você está querendo. Quando eu digo: "Vamos pensar em todas as coisas possíveis que o deixam ansioso", eu permito que ele tenha mais de uma resposta ou um motivo. É menos ameaçador para uma criança saber que pode haver muitos motivos ou opções a considerar. Descobri que quando permitimos que crianças e adolescentes façam um *brainstorming* ou forneçam uma lista de ideias, muitas vezes eles revelam o que está acontecendo. Se você perguntar a uma criança "Por que você estava ansioso?", é possível obter uma resposta, até mesmo uma resposta que seja de certa forma precisa, mas ela pode não ser uma resposta completa. Se, ao invés disso, você disser, "Vamos fazer um *brainstorming* nesse papel escrevendo todas as coisas que o deixam ansioso", você provavelmente obterá uma imagem mais completa de todas as coisas que acontecem dentro da criança.

9. *Seja descontraído e conversador.* Você quer que as crianças sintam que estão em um lugar seguro onde são livres para serem vulneráveis, abrirem-se a respeito de sua situação, cometerem erros e expressarem pensamentos e ideias.

10. *Tenha um Plano A, um Plano B e um Plano C!* Quando está conhecendo uma criança, você está aprendendo o que funciona e o que não funciona. Você está escolhendo ferramentas e métodos para conhecê-la e extrair o que há no interior dela. Uma atividade pode ou não funcionar por múltiplas razões: uma criança ou um adolescente não se conecta com o que você está fazendo; você não explicou a atividade com clareza; a criança está simplesmente de mau humor,

cansada, com fome, rabugenta ou distraída. Talvez você possa voltar à atividade mais tarde e a criança a receberá bem; mas também esteja preparado para que, por qualquer razão, você possa precisar abandonar o navio e tentar uma abordagem diferente. Quando você tem múltiplas opções que servirão ao seu objetivo, você pode ser flexível enquanto interage. Se uma atividade parece estar indo muito mal, você tem a liberdade de colocá-la de lado e tentar uma nova abordagem. Há muitas maneiras de falar a alguém e de extrair o mundo dela, e como conselheiro você está procurando uma porta aberta. Se uma porta parece fechada ou trancada, dê a volta e tente outra porta.

11. *Ofereça-se para ser seu "ajudante"*. Quando um jovem estiver compartilhando seus pensamentos e ideias, voluntarie-se para escrever os detalhes. Quando aplicável, eu gosto de escrever as palavras deles diretamente na atividade a fim de enfatizar o que eles disseram de importante. A maioria das crianças não gosta de escrever; parece uma tarefa da escola, é trabalhoso e retarda o pensamento e a expressão delas. Quando você diz: "Suas ideias são importantes. Eu quero lembrar do que você disse, então eu serei seu ajudante", elas sentem que você se importa e as compreende. Isso também o ajuda a lembrar o que elas disseram, palavra por palavra, em vez de confiar em sua percepção do que elas comunicaram.

Lembre-se, mesmo quando uma atividade parece falhar, você provavelmente aprendeu algo importante sobre a criança que está aconselhando. A atividade revelará algo sobre a criança – seu nível de desenvolvimento, sua capacidade cognitiva ou em que ponto ela está emocional, espiritual ou socialmente. Quão autoconsciente ou alheia ela é? Será que ela pensa de forma abstrata, tem pressa ou tem atenção limitada? Ela gosta de desenhar ou de escrever um diário, ou odeia isso? Tudo o que aprende o ajuda a montar o quebra-cabeça diante de você.

[illegible] dirigem [illegible]

[illegible]

preparado para que por qualquer razão [illegible]

[illegible]

múltiplas opções [illegible]

[illegible]

[illegible] com a liberdade [illegible]

[illegible]

[illegible]

[illegible] exercer influência [illegible]

[illegible]

6
MÉTODOS PARA EXTRAIR O INTERIOR DO CORAÇÃO DE CRIANÇAS E ADOLESCENTES

Eu amo Provérbios 20.5, o qual já citei repetidamente neste livro. Esse versículo nos lembra muito bem de que somos chamados a sermos pessoas sábias, comprometidas em extrair os motivos interiores do coração. Muito do nosso sucesso ou fracasso em trazer à tona o que está no interior das crianças tem mais a ver com a habilidade cativante de um adulto do que com a capacidade dos jovens de se articularem. A maioria dos jovens tem dificuldade para conhecer suas próprias motivações; como adultos, precisamos trazer o cuidado perseverante e a capacidade de ajudá-los, sempre atentos para que sejamos prontos para ouvir e tardios para falar (Tg 1.19), fazendo todo o esforço para conhecermos e compreendermos uma criança, a fim de podermos falar com sabedoria àquela experiência vivenciada por ela.

Abaixo, você encontrará exemplos de métodos que são úteis ao trabalhar com pessoas jovens.

Especialmente nos próximos dois capítulos, tentei incluir recursos, métodos, ideias e atividades que podem ser adaptadas para quase todas as idades. Em cada caso, você precisará considerar o motivo pelo qual você as usará e como você as adaptará à sua situação. Frequentemente, presumimos que os adolescentes pensarão em uma atividade como sendo algo infantil ou bobo e que a dispensarão antes de tentarem realizá-la. É possível que também tenhamos a expectativa de que crianças muito novas façam conexões ou vejam a relação de causa e efeito em áreas de pouca ajuda. Sempre haverá motivos para algo funcionar ou não com a criança com a qual você está trabalhando. Portanto, lembre-se sempre de que:

- Você está adaptando sua atividade à criança que está diante de você. Considere o que você espera aprender sobre ela.
- A maioria das atividades expressivas pode ser modificada para se adequarem às crianças de ensino fundamental ou aos adolescentes.
- Não tenha pressa em fazer a atividade. Ela não é um item a ser riscado da sua lista; não há um prazo definido. Seu objetivo é construir pontes de confiança e relacionamento, e abrir portas para conhecer melhor aquela criança.
- É bom parar e falar sobre as coisas que surgem enquanto a atividade é realizada. Não se concentre simplesmente em um resultado final (como completar a tarefa), mas realmente invista no processo (aprender, conhecer e ver o mundo através dos olhos do seu aconselhado).
- Seja criativo. Esteja sempre à vontade para adaptar, mudar ou edificar sobre qualquer atividade a fim de torná-la melhor ou mais útil para sua situação.

O USO ESTRATÉGICO DE LIVROS E DA CONTAÇÃO DE HISTÓRIAS

Grandes histórias nos ensinam sobre a vida, o amor, o autossacrifício, o perdão e os perigos do orgulho e da corrupção. Cada uma delas contém uma lição para instruir e equipar com verdades importantes. Sendo assim, há muito tempo, a contação de histórias tem sido uma tradição de educação e tem servido como um método chave para transmitir tradições e crenças culturais, instilando valores morais e lembrando uma nova geração de sua história.

Da tradição oral ao uso de fábulas e parábolas até a invenção da palavra escrita, as histórias há muito têm emocionado as pessoas, educado culturas e levado para as casas uma mensagem (boa ou ruim). Contos ou fábulas (estas últimas muitas vezes tendo animais ou objetos inanimados como personagens) podem ser usados de maneira construtiva para ensinar uma lição de moral. Por meio do uso de boa literatura – incluindo livros, histórias, poemas, contos de fadas, fábulas e cartas – verdades são reiteradas de forma desarmadora e captam a atenção de um jovem.

Contamos histórias e lemos livros para as crianças com o intuito de educá-las e de construir habilidades de comunicação que nos conectam relacionalmente. Na cultura de hoje, contar e ler histórias é uma prática familiar em declínio, pois requer tempo extra e um abrandamento da rotina de um dia típico. Manter vivo o hábito de contar histórias, porém, pode aumentar os laços dentro das famílias, bem como incutir crenças essenciais no coração e na mente de uma criança.

Do ponto de vista do desenvolvimento, as crianças estão constantemente aprendendo sobre as emoções – as suas e as dos outros. Bons livros podem ajudá-las a aprenderem a reconhecerem quais emoções elas estão sentindo, quais emoções os outros possuem, como tais emoções impactam a todos, e o que fazer e como responder de maneira saudável e piedosa. Livros podem ensinar habilidades importantes que ajudarão as crianças a aprenderem comportamentos apropriados para as emoções, a começarem a compreender causa e efeito e a aprenderem responsabilidade nos relacionamentos. Se uma criança está no espectro do autismo e tem dificuldade de se envolver socialmente, os livros podem ser uma maneira útil de servir de modelo para como navegar em vários cenários relacionais.

Boas histórias ajudam a encorajar um comportamento social saudável, esclarecer valores e instilar identidade cultural. Elas ensinam o discernimento e fornecem oportunidades de modelar e melhorar a comunicação.

A cultura está contando sua própria história, comunicando uma narrativa do que é verdadeiro, moralmente bom e socialmente aceitável. Essa história é difundida em filmes, redes sociais, revistas e na educação infantil. A narrativa cultural de hoje doutrina as crianças com uma cosmovisão cada vez mais sem Deus. O certo muitas vezes é tratado como errado, e o errado é muitas vezes tratado como certo. As crianças precisam de ajuda para entender o sentido do que elas estão ouvindo, o que também significa que elas precisam de instruções proativas sobre o que é verdadeiro, certo e bom.

As crianças se beneficiam ao verem suas próprias lutas serem resolvidas por meio do uso de uma história. Agir corajosamente, superar um valentão ou aprender a resolver conflitos repercutem mais profundamente quando vemos essas situações sendo vividas diante de nós. Alguns jovens adoram escrever suas próprias histórias e podem lidar com lutas pessoais, projetando seus pensamentos e sentimentos em um personagem.

Ao ler ou contar uma história, certifique-se de conectar explicitamente os pontos de volta à vida e às experiências da criança. O que pode ser óbvio para nós precisa ser deixado claro para a criança ou o adolescente. Por exemplo, quando estou tentando ajudar crianças pequenas a identificarem sentimentos, muitas vezes uso um livro do Dr. Seuss chamado *My Many Colored Days* [Meus Muitos Dias Coloridos]. A história ilustra como as cores também podem expressar sentimentos e humores; ela leva a uma atividade expressiva na qual eu trabalho com a criança depois.

Com crianças que possuem pensamento e maturidade mais abstratos, procuro livros que se relacionem com suas vidas e lutas, e depois encontro maneiras de tecer isso no processo de aconselhamento. Alguns jovens detestam ler, mas gostam que alguém leia para eles; outros se relacionam melhor em ver a história desdobrar-se em uma tela. Para os adolescentes, as histórias podem ser melhor contadas pessoalmente por meio de filmes, poemas, canções ou um vídeo ou testemunho no YouTube. Qualquer que seja a forma que você use, seja atencioso ao conectar os pontos para eles de forma a produzir mudanças, crescimento e esperança, e que os apontem para a verdade.

Não há história melhor do que aquela que nos é dada na Escritura. Grande parte da Escritura está na forma de uma história narrativa. Há uma narrativa bíblica unificada de criação, queda, redenção e restauração. Ela é a nossa história e deve ser *a história* que serve de modelo para a vida e o coração de nossos jovens, fornecendo uma lente para todas as outras histórias que eles irão ouvir. No aconselhamento, podemos e devemos nos tornar melhores em contar essa incrível história de maneiras que capturem o afeto de crianças e adolescentes. Quanto melhor nos tornarmos em dar vida às Escrituras para as crianças, mais provável é que elas abracem as verdades bíblicas por si mesmas. Precisamos ajudá-los a mapear a história da Escritura de maneiras que transformem suas vidas e experiências. Queremos dar aos nossos jovens a esperança de que tudo pelo qual eles passam será redimido e usado por Deus. Ele faz novas todas as coisas.

Muitas vezes, crianças e adolescentes se sentem desconectados do Senhor e da Bíblia. Falar da Escritura como uma história ajuda os jovens a se conectarem com o Senhor e seu caráter imutável. Nela, Deus está retratando sua glória e seu caráter, restaurando todas as coisas e levando seus filhos de volta a si mesmos. É vital que quando trabalhamos com os jovens, procuremos maneiras de inserir a verdade bíblica, e então conectarmos as vidas, experiências e necessidades dos aconselhados de volta ao Senhor.

Há uma grande variedade de estilos literários usados na Bíblia, incluindo narrativa, poesia, sermões e cartas. A instrução é fornecida tanto direta quanto indiretamente. No aconselhamento, podemos acessar cada uma dessas formas bíblicas para nos conectarmos com o jovem diante de nós. Um olhar ao longo dos Salmos mostrará a um adolescente que ele pode ser sincero com Deus sobre suas emoções profundas. Uma parábola de Jesus esmiuçará um conceito teológico de uma forma que uma criança possa entender. Um olhar para a cruz descreverá o profundo amor sacrificial do Senhor.

Outros exemplos serão dados no próximo capítulo, mas as possibilidades são infinitas à medida que nos tornamos mais cativantes e sábios em conectar os jovens à Escritura. Considere como se tornar melhor no uso tanto das histórias comuns quanto, mais importante ainda, das Escrituras, para encorajar mudanças reais na vida das crianças e dos adolescentes.

Super-heróis e vilões no aconselhamento

Super-heróis

Os super-heróis têm fomentado uma tremenda inspiração e imaginação na vida dos jovens. Há muitas razões para que crianças e adolescentes sintam-se atraídos por uma história ou um filme de super-heróis. Eles possuem capacidades maiores do que as da vida real, se elevam triunfantemente acima do conflito e da desgraça, dão um sentido de esperança na tragédia, mostram coragem diante da opressão e demonstram o bem vencendo o mal. Eles fornecem exemplos de vencedores que superam a adversidade e de desfavorecidos que alcançam o impossível. Por causa disso, os super-heróis podem ser prontamente usados para se conectar com as crianças no aconselhamento.

As crianças ficam rapidamente apegadas a animadas histórias de resgate. Essas narrativas são capazes de fornecer um meio para que crianças e adolescentes usem a imaginação a fim de darem vida às suas próprias histórias e singularidades.

Há muitas outras características de vitória que nos atraem aos super-heróis. Eles são intrigantes e envolventes. Eles são suficientemente parecidos conosco para que nos identifiquemos com eles, mas diferentes o suficiente para nos fazerem desejar que pudéssemos realizar as coisas que eles realizam. Eles são complexos e misteriosos, nos deixando a pensar no que os move. Descobrimos que muitas vezes eles se levantam da tragédia ou das dificuldades e depois avançam com uma missão e um propósito maior do que eles mesmos. Eles usam sua nova identidade para combater o crime, o fanatismo, o mal e o racismo. Eles possuem qualidades a serem admiradas por todos: abnegação, lealdade, patriotismo e compaixão, para citar algumas.

O que as crianças podem deixar passar é a maneira como os super-heróis são sobrecarregados tanto por sua identidade secreta quanto por sua obrigação moral de usar seus poderes para combater o mal. Muitas vezes um super-herói se sente como um forasteiro e vive uma vida solitária. Ele ou ela são mal compreendidos por aqueles que os rodeiam e permanecem disfarçados, sem nunca se sentirem realmente conhecidos pelos outros.

Nesses aspectos, os jovens também podem se identificar com eles.

Os super-heróis podem ser usados por conselheiros e por outros adultos na construção de pontes com os jovens. As crianças vão gostar de trazer você aos seus interesses e passatempos e até mesmo à obsessão que elas têm por super-heróis. Trata-se também de uma grande continuação das próprias experiências de um jovem aconselhado. Você pode fazer perguntas reflexivas como:

- Conte-me o que você gosta sobre a história de Star Wars.
- Quem é seu personagem favorito? Por quê?
- Você se identifica com as lutas dele ou dela?
- De que forma você já se sentiu assim?

Além disso, com grande poder vem uma grande responsabilidade, e o peso desse tipo de prestação de contas é um fardo para os super-heróis. Eles carregam o fardo de saberem que todos de quem se aproximam correm o risco de serem machucados pelos vilões que eles combatem. Além disso, cada super-herói tem um calcanhar de Aquiles – algo que ameaça expô-lo e que pode levar à sua destruição.

Os temas ou as emoções associadas à solidão, aos fardos de responsabilidade e às fraquezas escondidas são temas que também vemos na vida das crianças que aconselhamos. Conectá-las a uma história de outra pessoa pode muitas vezes ajudá-las a enxergarem como suas dificuldades podem ser usadas para o bem. Mais importante ainda, essas histórias podem abrir a porta para ajudar as crianças a sonharem sonhos maiores de um Deus que é mais poderoso do que qualquer super-herói que elas possam criar em suas imaginações – alguém que seja real, pessoal e que realmente lute batalhas em favor delas.

Às vezes, quando usamos histórias de super-heróis para entrar no mundo do imaginário com crianças, nós as libertamos para expressar seu mundo interior sem limites. A associação com histórias fora de si mesma ajuda a criança a revelar uma imagem de seus desejos, motivações e pensamentos mais profundos quando dada a capacidade de expressá-los por meio de brincadeiras e distrações.

Homem-Aranha é a história do jovem Peter Parker, que é movido pela culpa e pelo remorso. Peter volta para casa para descobrir que um criminoso que ele havia ignorado por razões egoístas matou seu tio Ben. Ele fica marcado pelo pecado que cometeu e é impelido pela angústia para corrigir seus erros. Ele combate os sentimentos de culpa e sua incapacidade de manter sua família segura. Ele é uma imagem de super-herói que é ele mesmo uma vítima, lutando contra seus próprios demônios. Os super-heróis dessa categoria se sentem incompreendidos, sozinhos e isolados. Como esse tipo de história pode mapear a experiência de uma criança que passou por uma tragédia e está batalhando em uma mistura de tristeza e arrependimento?

Se um jovem gravita em direção ao Homem-Aranha, faça perguntas como:

- O que você gosta na história/filmes do Homem-Aranha?
- Existe alguma forma de você se conectar com a luta dele? Como?
- Você já se sentiu incompreendido? Sozinho?
- Quais são os demônios contra os quais você luta?
- Você alguma vez sente que precisa se redimir? Como?

Há também a história do Incrível Hulk. Ele é atormentado, até mesmo torturado, por sua fúria incontrolável, e suas lutas vêm como resultado de abusos que sofreu nas mãos de seu pai. Há temas fortes a serem explorados aqui, particularmente sobre a forma como ser vitimado pode impactar uma criança tanto emocional quanto psicologicamente. Mesmo as crianças que não foram vítimas de abuso, muitas vezes lutam para controlar sua raiva e podem facilmente se relacionar com a forma como o Hulk se comporta.

Uma criança que tenha sido maltratada ou que tenha dificuldade com ira pode gravitar em direção à história do Hulk. Você também pode usar a história, solidarizando-se com a dificuldade do Hulk em relação à ira e aos maus-tratos. Considere discutir:

- Por que você acha que o Hulk fica tão irado?
- Você já se sentiu assim? Quando?
- O que o Hulk faz com a raiva dele?
- Como isso o faz sentir-se mais isolado e sozinho?
- O que você faz com a sua raiva?
- Isso ajuda ou tende a piorar as coisas para você?
- Onde podemos ir para obter ajuda real com nossa ira?

Você é capaz de enxergar que pegar o enredo de personagens com os quais crianças e adolescentes se relacionam também pode conectar os pontos na vida dos seus aconselhados – e então conectar esses pontos com a pessoa de Cristo, que realmente os equipa com recursos sobrenaturais para a vida?

O Super-Homem, talvez um dos super-heróis mais icônicos, é um alienígena, um forasteiro de outro planeta. Ele perdeu sua família natal quando jovem, ficou órfão e depois foi adotado. Você consegue imaginar o número de crianças que podem se identificar com a história dele? Considere fazer estas perguntas:

- Quais poderes você gostaria de ter?
- Como você acha que era ser o Super-Homem?
- Como você acha que era a vida dele?
- De que maneira o Super-Homem é imperfeito?
- Você acha que ele já se sentiu sozinho? Malcompreendido?

Para mais ideias de como abordar o assunto, vá até a atividade "Se Eu Fosse um Super-herói", no próximo capítulo.

Vilões

Às vezes, quando você conhece uma criança, ela prontamente compartilha seu amor por determinadas histórias, filmes e personagens. Muitos jovens adoram histórias de aventura ou fantasia com temas fortes do bem e do mal, uma batalha para salvar o mundo, e heróis e vilões claramente definidos. Exemplos populares que frequentemente surgem são a série Star Wars ou Senhor dos Anéis. Na maioria das vezes, crianças e jovens são atraídos por essas narrativas por causa do papel nobre que o herói desempenha na derrota de um inimigo formidável e inatacável realizando o feito contra todas as probabilidades.

O que você faz, entretanto, com as crianças que podem se sentir mais atraídas pelo vilão em uma história? Uma afinidade com o "vilão" pode se desenvolver por muitos motivos. As crianças podem se sentir incompreendidas da mesma forma que um vilão se sente em uma história. Elas veem que o vilão foi intimidado ou maltratado desde cedo e sentem empatia por ele ou ela. Uma criança pode se identificar com o desejo de se vingar daqueles que a enganaram, e pode até gostar do poder que o vilão exerce ao atacar seus inimigos.

Muitos vilões demonstram tremenda genialidade criativa e engenhosidade. O problema é que eles usam tais habilidades para ganhos egoístas ou sinistros. Eles geralmente estão empenhados em destruir o herói e crescem em um desejo insaciável de poder e controle. Os vilões são egocêntricos, narcisistas e falham em aprender com suas próprias derrotas. Eles acabam se autodestruindo e causando sua própria ruína.

Quando as crianças que aconselhamos são atraídas por tais personagens, queremos entender o que está por trás da atração pelo anti-herói. Essa afinidade muitas vezes revelará lutas mais profundas – talvez por que elas são maljulgadas ou mal-interpretadas, não aceitas, ou vitimadas.

Em muitos casos, as crianças são atraídas por vilões pela mesma razão que muitos de nós são atraídos pelo herói – elas se identificam com a experiência, os desejos ou as lutas do personagem. Queremos aprender como fazer uma conexão entre essas experiências reais e as batalhas que nossos aconselhados enfrentam, e depois ajudar a orientar a atenção deles para uma narrativa redentora que reconheça a seriedade de suas lutas, mas que também os direcione para o principal reparador de erros.

Somos todos propensos a vaguear. Somos todos propensos a usar até mesmo nossos pontos fortes para os nossos próprios desejos egoístas. Tanto os super-heróis quanto os vilões têm decisões a tomar. Será que eles se voltarão para seus próprios interesses e serão corrompidos por seus desejos, ou viverão abnegadamente para algo maior do que eles mesmos? Queremos chamar os jovens a viverem para a glória de Deus – *Alguém* que seja maior e digno da lealdade deles.

Considere as percepções que poderíamos obter perguntando: O que você faria se pudesse...

- voar ou se mover em uma super velocidade?
- viajar no tempo?
- mudar de forma?
- ser invisível?
- ter uma força sobre-humana?
- cometer crimes sem ser pego?
- ver o futuro?
- ter a habilidade de infligir vingança?
- controlar outra pessoa?

À medida que essas conversas se desenvolvem, devemos considerar como utilizar nossas sessões de aconselhamento para promover uma mudança de mentalidade nas crianças. Elas desejam existir em um mundo onde se sintam no total controle de suas circunstâncias. Como podemos ensiná-las a descansar em um Deus real e amoroso que tem o total controle do resultado? As crianças não precisam tomar as rédeas da situação, nem ceder à tentação de buscar sua própria justiça. Há aquele que luta suas batalhas e que vence todo o mal no final.

Considere a passagem em Êxodo 14, quando Deus está prestes a libertar os israelitas dos egípcios, abrindo o Mar Vermelho. Moisés assegura ao povo: "Não temais; aquietai-vos e vede o livramento do Senhor que, hoje, vos fará; porque os egípcios, que hoje vedes, nunca mais os tornareis a ver. **O Senhor pelejará por vós**, e vós vos calareis" (Ex 14.13-14, ênfase adicionada).

Anteriormente eu disse que muitas de nossas dificuldades para envolver os jovens não se devem simplesmente à incapacidade deles de se articularem, ou à imaturidade, ou falta de visão que eles possam ter; mais frequentemente, essa dificuldade deve-se à nossa incapacidade de trazer à tona o que está no interior deles e de atraí-los para o que é verdadeiro e real. Imagine se pegássemos tudo o que é sobrenatural, mágico e atraente sobre o reino dos super-heróis da fantasia e pintássemos um retrato melhor, mais vivo e cativante de Deus e de seus caminhos. Devemos fazer um trabalho melhor de mostrar o poder, a autoridade, a intervenção milagrosa e o cuidado tão pessoal de Deus.

Mesmo o maior e mais poderoso super-herói tem fraquezas, derrotas e dificuldades com as perdas e o isolamento. Essas figuras são limitadas, imperfeitas, e apenas uma fantasia. Quando ajudamos as crianças a entenderem que o maior valor em super-heróis é que eles nos apontam para o Vitorioso máximo, nós as guiamos para mais perto de um Deus vivo que é, em todos os sentidos, o melhor herói – mais forte, melhor, mais dinâmico, mais amoroso, mais poderoso, e que está mais pessoalmente envolvido em suas vidas do que qualquer outro jamais seria capaz.

O USO ESTRATÉGICO DA DRAMATIZAÇÃO[11]

Outra abordagem que costumo usar com meus filhos e no aconselhamento é a dramatização ou técnica de role-playing. A dramatização é a prática de

11 N. T.: O termo no original é o role-playing. Essa técnica promove a comunicação por meio da simulação de um contexto da vida real. A técnica de role-play, também conhecida como dramatização, possui ampla variedade de objetivos, tais como: trazer à tona pensamentos automáticos, desenvolver a aprendizagem e a prática de habilidades sociais, trabalhar respostas adaptativas e reestruturar crenças intermediárias e centrais. Beck, J. S. (2013) apud Fiuza W.L. e Lhullier C. *Possíveis aplicações da técnica de role-play no atendimento a famílias adotantes*. Pensando fam. vol.22 no.2 Porto Alegre jul./dez. 2018.

apresentar uma situação a uma criança e de lhe perguntar o que ela faria ou diria naquela situação ou história. Por exemplo, uma criança pode não saber o que fazer quando é provocada agressivamente por outra criança, ou quando um colega a pressiona a mentir, trapacear ou fazer e dizer algo prejudicial a outra criança. A dramatização dá às crianças um meio de praticar possíveis respostas a situações difíceis. Essa prática também pode fornecer às crianças as palavras e ações necessárias para serem usadas em situações difíceis ou desconfortáveis.

Como conselheiros, a dramatização nos ajuda a entender como uma criança pensa e nos dá a oportunidade de falar de volta à vida da criança. Ouvir as reações da criança aos personagens nos fornece uma visão para os medos, as tentações e as áreas nas quais a criança pode ser pega desprevenida ou despreparada. As crianças pensam em termos de preto-e-branco. Como resultado, para elas pode ser desafiador navegar sabiamente pelas áreas cinzentas da vida.

No aconselhamento, eu falo muito sobre habilidades de segurança e avaliação de comportamento. Digo frequentemente: "Se alguém lhe disser a coisa certa a fazer, você deve sempre ouvir, independentemente de quem seja: um adulto, um estranho, uma babá, um amigo ou um irmão. Por outro lado, se alguém lhe disser a coisa errada a fazer, seja um amigo, irmão, adulto, estranho ou babá, você nunca deve fazer isso, e nós o apoiaremos". Em seguida, passo a falar sobre alguns exemplos de coisas erradas que um adulto, uma babá ou um colega podem lhes pedir para fazer. Isso pode incluir coisas bobas, como fazer pegadinhas arriscadas, ou coisas imprudentes, como correr pelo meio da estrada, ou ainda coisas completamente inapropriadas, como despir-se ou tirar fotos nuas.

Inevitavelmente, uma criança perguntará: "E se eu não souber se o que eles estão me perguntando é algo ruim?". Então eu os encorajo a pensar em alguns exemplos de cenários confusos e depois falaremos sobre o que eles podem dizer ou fazer. Um exemplo de situação confusa poderia ser um adulto que eles conhecem e que se aproxima e pede a uma criança para ajudá-los a levar algo para um local privado, isolado ou então que peçam à criança que entre em um carro para ir até uma loja. Essas coisas não parecem "erradas", mas podem parecer desconfortáveis para uma criança ou deixá-las sem ter certeza sobre a situação. Nesses casos, sempre os encorajo a ir procurar outro adulto e perguntar a opinião dele.

Ao ajudar as crianças que foram vitimadas, é importante começar a ensinar-lhes maneiras de reagir caso alguém as faça sentir-se desconfortáveis ou inseguras. Ajudá-las a crescer significa também dar-lhes as habilidades para saber o que fazer em situações confusas como as mencionadas acima. A dramatização dessas situações é uma ótima maneira de criar cenários possíveis nos quais a criança possa se encontrar e praticar como ela responderia. Trata-se de ensinar a habilidade de avaliar uma situação e depois dar a ela múltiplas maneiras de agir em resposta.

A dramatização permite que a criança pense *com você* sobre as situações que elas ainda não encontraram. Ao utilizar essa ferramenta, você fornece um espectro de possibilidades, desde bobas, passando pelo óbvio, pelo confuso e perigoso, até aquelas que você nuca acharia possível. Fazer um *brainstorming* de uma gama de cenários irá ajudar a engajar uma conversa. Quando você tiver um momento de ensino, você pode pegar princípios que se aplicam em uma situação (demonstrar amor, bondade, misericórdia, perdão ou habilidades de segurança) e transferi-las a diferentes situações. Isso prepara as crianças para pegarem um princípio e aplicá-lo a uma multidão de contextos que elas podem não ter considerado e as prepara para as diversas situações que podem ou não acontecer.

Por exemplo, você poderia desenvolver uma situação em que uma criança é tentada a ser um agressor (talvez com um irmão mais novo) e falar sobre reagir às irritações com amor e paciência. Você poderia, então, seguir esse esboço com um cenário onde a criança é uma vítima de alguma forma, e caminhar sobre como sair dessa situação insalubre.

Descobri que quanto mais estou disposta a falar sobre os muitos "e se" com as crianças, mais elas estão dispostas a dizer: "Não sei. O que eu faço quando isso acontecer?". A dramatização abre a porta para a conversa e para a participação direta nas lutas de uma criança. Ao fazer às crianças perguntas que as encorajam a pensar e tomar decisões, ajudamos a evitar que elas fiquem presas em muitas situações nas quais elas não sabem o que fazer.

À medida que as crianças amadurecem e aprendem a navegar em situações pegajosas ou desconfortáveis, não se esqueça de encontrar todas as oportunidades para encorajá-las. Elas nem sempre acertam, mas nós também não. É importante dizer às crianças: «Dê o seu melhor e teremos orgulho de você. E se você errar, nós vamos conversar sobre o que aconteceu». Isso assegura às crianças de que elas não serão culpadas pelos erros quando tentarem aplicar o que aprenderam conosco. Lembre-as de que é importante discutir toda a tentativa e erro para que possamos celebrar o que deu certo e ajudá-las a considerar diferentes maneiras de responder se uma tentativa não der certo.

Bonecos

Bonecos podem proporcionar outra saída para que as crianças expressem seu mundo interior. O envolvimento expressivo pelo uso de bonecos pode ser projetivo, divertido, envolvente e pode ajudar as crianças a baixarem a guarda para interagirem mais honestamente com o que estão pensando e sentindo.

Transformar brinquedos em objetos animados ajuda as crianças a externalizarem conflitos internos, crenças, valores e desejos. Esses objetos também ajudam as crianças a exibirem a presença ou a falta de habilidades relacionais. Por meio do uso de brincadeiras, dramatizações e do faz de conta, as crianças podem arriscar dizer coisas a um boneco sobre o que realmente pensam ou sentem, coisas essas que elas poderiam não dizer diretamente a uma pessoa por medo de uma reação negativa. Usar esses objetos como ferramentas proporciona uma janela de entendimento sobre como as crianças realmente pensam, sentem e percebem o mundo:

- Eles ajudam a expandir a expressão de pensamentos e ideias interiores.
- Eles aumentam a autorrevelação, bem como a autoconsciência.

- Eles podem ajudar uma criança a compreender melhor o bem e o mal, ou o certo versus o errado.
- Eles ajudam a verbalizar perguntas e pensamentos os quais elas se sentem inseguras de formular por si mesmas.
- Eles ajudam a mostrar a confusão que uma criança pode ter sobre eventos da vida, ou então visões imprecisas que elas abraçaram.

As crianças às vezes encenam com um boneco algum tipo de dano que lhes tenha sido infligido. Algumas encenam como gostariam de poder responder às pessoas ao seu redor. Uma criança pode sobrepor pensamentos ou emoções em um boneco os quais ela percebe ser inaceitável de admitir por si mesma. Uma criança que é abusada pode nunca se abrir, mas é possível que ela fale a um boneco policial que foi maltratada por um dragão. Uma criança com raiva extrema em relação a um dos pais pode, de forma voluntária, projetar isso em um boneco cachorro, sem nunca sentir a liberdade de admiti-lo por si mesma. Outras crianças encenarão conflitos relacionais entre dois bonecos de formas que nos ajudarão a começar a oferecer recursos ou soluções. Ao ajudar as crianças a se engajarem com bonecos e encontrar novas maneiras de dramatização, podemos ajudá-las a transferir aqueles mesmos princípios e habilidades para suas vidas reais.

Katie é uma garota reservada de onze anos que sente muita ansiedade em pegar o ônibus para a escola e uma ansiedade moderada em relação à escola em geral. Ela tem tido problemas para sair de casa pela manhã, muitas vezes perdendo o ônibus, o que faz com que um dos pais tenha que levá-la à escola, apenas para ter outro problema no estacionamento da escola antes de entrar.

Quando Katie começou a ser aconselhada, era difícil alcançar seu coração – ela respondia a muitas perguntas com um "não sei" ou com um encolher de ombros e se retraía quando temas difíceis eram abordados. Ela, no entanto, começou a gravitar em direção aos bonecos, e a um em particular: o boneco de tartaruga.

Eu perguntei se ela alguma vez se sentiu como a tartaruga. Ela disse que sim. Eu perguntei o que ela achava que a tartaruga sentia por dentro. Ela começou a me dizer que a tartaruga odiava pessoas más e sentiu que a única maneira de evitá-las era sendo invisível. Ao descrever a reação da tartaruga, ela colocou sua mão no boneco e fez a tartaruga se retrair para dentro de seu casco.

Perguntei se eu poderia conversar com a tartaruga; ela acenou que sim. Então a tartaruga e eu começamos a conversar sobre as coisas que a faziam sentir-se segura e insegura. Eu lhe pedi que me contasse o que a ajudava a sentir-se segura perto de alguém e a tartaruga começou a me responder. Ao longo de duas sessões, Katie finalmente começou a falar sem a tartaruga.

Outro boneco que achei particularmente útil no aconselhamento é o de uma lagarta que se transforma em uma borboleta. Há tantas maneiras produtivas de usar um boneco como esse para trazer à tona o interior de uma criança ou para relacioná-la à vida dela. Uma maneira útil é simplesmente permitir que ele demonstre como o aconselhamento pode ajudar a criança com quem você está conversando. Assim como a lagarta passa por muitas mudanças no processo de metamorfose, nós também passamos por mudanças enquanto trabalhamos nas lutas e dificuldades da vida.

Você também pode usar a lagarta como uma metáfora para o modo de Deus trabalhar em nossas vidas. A vida de uma lagarta passa por uma tremenda mudança entre a vida como lagarta para uma nova vida como borboleta. Podemos usar essa realidade para ilustrar que às vezes não entendemos o porquê de algo estar acontecendo conosco, ou o motivo pelo qual sentimos que estamos presos no meio de coisas difíceis em nossa vida, mesmo que Deus esteja planejando algo bom. Ele quer fazer um belo trabalho em nós. Aconselhar, obter ajuda e deixar os outros entrarem pode ser parte do processo de transformar algo difícil em algo realmente bom. Uma ferramenta como esse boneco pode ajudar uma criança a compreender que quando coisas difíceis ou confusas acontecem com ela, Deus é capaz de fazer um de seus trabalhos mais magníficos.

Há tantos bonecos diferentes que podem ser ótimos na criação de metáforas, na contação de histórias e ao estimular conversas. Adicionar essas ferramentas à nossa coleção se provará valioso em nosso trabalho com crianças.

Caixas de areia

Colocado de forma simples, caixas de areia são vários tipos de recipientes cheios de areia que podem ser usados para ajudar pessoas de todas as idades a trabalharem em problemas dentro de um ambiente livre de riscos. Uma variedade de miniaturas também é usada com frequência. Miniaturas de pessoas de várias etnias, idades e deficiências; animais (tanto agressivos quanto amigáveis); insetos; edifícios; cercas; árvores e arbustos; símbolos religiosos; meios de transporte; miniaturas do mundo da fantasia; e muitos outros objetos podem ser usados para assumir significados e papéis para as crianças.

Uma vez que é pedido aos jovens que se abram emocionalmente durante o aconselhamento, compartilhando seus pensamentos e sentimentos mais profundos, as caixas de areia podem proporcionar um espaço protegido e a oportunidade de uma comunicação não-verbal. Brincando em um recipiente estruturado, os aconselhados podem construir um mundo, real ou imaginário, através de símbolos, miniaturas ou outras figuras; isso oferece uma maneira eficaz para que os indivíduos possam se expressar sem palavras. Crianças e adolescentes podem intuitivamente escolher um objeto que representa uma pessoa, uma emoção, uma luta, uma ideia ou um sonho, uma esperança ou um medo. Isso facilita a capacidade deles de compartilharem suas experiências e sentimentos de uma forma não ameaçadora.

As crianças em aconselhamento são capazes de expressar em areia coisas que de outra forma não seriam capazes de verbalizar ou abordar na terapia tradicional. Observamos e depois analisamos a interação da criança com os objetos, essa versão em pequena escala de seu mundo interior. O mundo dentro da caixa de areia (incluindo a colocação e interação entre os brinquedos em miniatura, figuras e outros objetos) é expresso por meio de simbolismo e metáfora, e pode nos ajudar como conselheiros a começarmos a reconhecer a relação entre a criação na areia e o mundo interior da criança ou do adolescente.

Um pequeno animal ou uma estatueta podem representar a complexidade de algo que é tanto bom quanto ruim. Por exemplo, uma vez um menino escolheu um conjunto de dentes de vampiro gelatinosos para representar sua mãe. Quando lhe perguntaram o motivo, ele disse: "Porque o dente é macio e ela é doce e gentil, mas ela também é afiada e cortante comigo". Uma vez um adolescente escolheu um pinheiro para representar Deus. Quando lhe pedi para compartilhar sobre sua escolha, ele disse: "Bem, o pinheiro é grande e majestoso como eu sei que Deus deveria ser, mas não me parece muito pessoal". Que percepção profunda ganhamos quando oferecemos outra maneira para os jovens expressarem as complexidades que eles frequentemente sentem, mas que têm dificuldade para articular.

As caixas de areia também podem ser uma ferramenta para ajudar aqueles que estão "empacados", à medida que continuam a assumir uma forma e a ajudar os aconselhados a trabalharem em seus problemas. Pessoas jovens muitas vezes reencenam eventos dolorosos em uma caixa de areia, tentando resolver os problemas ou chegar a uma solução diferente. Considere um adolescente que tem dificuldade com ansiedade na escola, que monta uma bandeja para desenrolar a história de como é ir para lá. Ou talvez seja uma criança tentando sobreviver a um divórcio altamente conflituoso entre seus pais, ou um acidente de carro, um amigo que se afogou em um lago ou um abuso sofrido. Nesses momentos, nós vemos as crianças externalizarem o que se passa dentro de si, enxergamos qual é a percepção delas e a interpretação que fazem dos eventos, e assim podemos começar a interagir com elas.

Como conselheiro, há momentos para simplesmente assistir e observar, e há momentos para entrar, fazer perguntas e oferecer soluções ou interpretações alternativas. Procuramos as maneiras pelas quais nossos aconselhados estão prosperando e as maneiras pelas quais eles estão angustiados. Procuramos formas de encorajar, instruir, corrigir e oferecer esperança e cura.

Buscamos maneiras de recontar a história deles com o Senhor como um personagem ativo no meio dela.

Uma criança que vivenciou abuso usou a caixa de areia para capturar a complexidade de todas as formas pelas quais o abuso estava impactando seu mundo e as pessoas no mundo dela, desde seus pais, passando por suas tias e seus tios, até a si mesma.

Essa criança vivenciou abuso por parte de seu pai. Quando o abuso foi revelado, parecia que um tornado tinha destruído sua família. Havia uma miniatura de um homem e de uma mulher de mãos dadas fugindo de um tornado de plástico. Isso representava o pai dela e a tia que apoiava o pai. Sua mãe era uma miniatura assustada e deitada no chão, devastada pela notícia e incapaz de lidar com ela. Havia miniaturas de super-heróis e de um dragão dourado, representando os trabalhadores do serviço social e os detetives que entraram na história. A criança conversou sobre eles de uma maneira que demonstrava o medo que ela sentia deles, mas também uma consciência de que eles estavam ali para ajudar. Uma miniatura de sua casa estava em um canto e uma cerca fechava o evento caótico.

Havia também uma abertura onde estava um baú de tesouro. A abertura representava uma saída do caos, mas também a possibilidade de entrar novamente nele. O baú do tesouro simbolizava a revelação do abuso, mas estava fechado pois "ainda havia mais" para contar. Havia ainda mais abuso para ser revelado, mas ela estava com medo de que isso causasse mais dano.

No canto esquerdo havia uma pessoazinha, que ela explicou ser ela mesma. Ela colocou a si mesma o mais longe possível do tornado. O papai Smurf e a Smurfete (irmã de sua mãe e o marido dela) eram pessoas seguras com quem estar; eles eram como "joias preciosas" (joias de plástico colocadas na areia) para ela. A Smurfete (sua tia) estava perto de um crucifixo, pois "ela sempre me aponta para Jesus e me leva à igreja".

Essa menina foi capaz de contar sua dolorosa experiência falando sobre as miniaturas, em vez de falar sobre si mesma, e projetando os eventos sobre as miniaturas. Ela compartilhou como seus pais reagiram, como ela se sentiu a causa de tudo isso e como estava processando não apenas seus sentimentos, mas as reações de todos os envolvidos. Ela podia falar dos momentos de caos e das áreas de alívio. Ela podia compartilhar a revelação de detalhes e fatos – e aqueles ainda escondidos em um baú do tesouro, com muito medo de sair. Ela foi capaz de começar a contar sua história com segurança, assim como encontrar ajuda e apoio enquanto continuávamos a trabalhar em sua história por meio das miniaturas.

Uma caixa de areia pode ser estática – uma única foto instantânea de seu mundo ou uma experiência. Ela também pode ser dinâmica – evoluindo, movendo, mudando e progredindo à medida que a discussão avança. Você pode pedir a uma criança que monte uma caixa de areia de todos os membros de sua família. Essa é uma caixa estática – uma imagem de como a criança vê os indivíduos em casa. Podemos então pedir à criança que conte uma história sobre sofrer bullying, onde a criança monta uma caixa de areia com peças em movimento e tem as figuras interagindo umas com as outras (um exemplo dinâmico). Qualquer um dos métodos pode servir como uma ferramenta útil para trazer à tona o interior de uma criança e dar-lhe uma maneira não ameaçadora de expressar o que está acontecendo dentro dela.

Embora o céu seja o limite, abaixo está uma amostra de assuntos que podem ser cobertos por meio do uso da uma caixa de areia:

- A visão que a criança tem de seu mundo.
- Autoimagem.
- Uma imagem da família da criança.
- Um exemplo do tipo de situações que a colocam em apuros.
- Uma demonstração de como ele ou ela consegue o que quer.
- Uma ilustração de como a criança se sente fora de controle.
- Um exemplo de algo que uma criança deseja que aconteça.
- Ilustrações de coisas de que a criança tenha medo.
- Um quadro de relacionamentos importantes.

- Uma demonstração das regras da família.
- Um exemplo de como a criança demonstra amor, como a família demonstra amor, etc.
- Uma ilustração de como é a escola, como são as amizades e até de como é um evento traumático.
- Um exemplo de como a criança enxerga Deus, ou de como Deus interage com ela.

Se você estiver interessado em utilizar as miniaturas como recurso no aconselhamento, há muitas maneiras criativas de utilizá-las com ou sem uma caixa de areia. Você pode usar qualquer recipiente ou caixa, ou simplesmente um grande papel do tamanho de um cartaz para construir uma imagem do mundo dos aconselhados. Eu também já construí linhas do tempo ou "mapas" e permiti que as crianças colocassem miniaturas nelas para representar eventos ou pessoas. A habilidade não está na ferramenta em si; está na forma como escolhemos usá-la para ajudar as pessoas.

O USO ESTRATÉGICO DAS ATIVIDADES ARTÍSTICAS

A arte e outras expressões criativas podem muitas vezes fornecer um local para a comunicação quando as palavras não são suficientes. Esse é um espaço aberto para compartilhar e descrever lutas, perspectivas, emoções e decisões complexas, percepções e relacionamentos.

Várias formas de arte – pintar, desenhar, colorir etc. – oferecem uma nova maneira de transmitir crenças, preocupações e esperanças (faladas e não faladas). Elas podem ajudar na expressão do eu, na compreensão das interações pessoais e relacionais, e no estabelecimento de objetivos. A arte se conecta com pessoas de todas as idades, por meio do espectro de habilidades, e proporciona outra forma de engajar o cérebro, as emoções e o coração de nossos aconselhados. Você verá frequentemente a arte sendo usada em lares de idosos, hospitais infantis e em casas de recuperação de drogas e álcool. Há uma maneira na qual a arte atua como um catalisador para melhorar o funcionamento do cérebro, fomentar a autoestima e o autoconhecimento, melhorar as habilidades sociais e ajudar a reduzir e resolver conflitos e angústias. A arte envolve a mente, o corpo e o espírito de maneiras distintas da comunicação verbal, além de facilitar a interação aberta e expressiva, o que pode contornar as limitações da comunicação verbal.

A arte também pode ser útil quando se trabalha com grupos. Considere um grupo de meninas adolescentes que sofreram abuso infantil em tenra idade. Pedir-lhes que criem imagens que representem suas experiências difíceis pode servir como uma forma menos ameaçadora para que as meninas se articulem e reflitam sobre suas experiências dolorosas.

As atividades artísticas são uma ótima maneira de construir pontes de comunicação não apenas entre nós e nossos aconselhados, mas também entre eles e seus familiares. Muitas atividades podem ser feitas em conjunto com a família. Quando os pais observam e participam, eles podem ouvir e compreender de novas formas as experiências de seus filhos. As crianças também podem ver como seus pais se sentem, pensam e vivenciam as coisas. Em muitos aspectos, isso nivela o campo de jogo entre adultos e crianças; todos eles estão fazendo a mesma atividade e interagindo igualmente em algum tópico dado. Esse tipo de exercício pode construir empatia e compaixão por outro membro da família, facilitar uma melhor comunicação e até mesmo nutrir um senso de valores ou regras familiares.

Para aqueles que se sentem limitados em sua expressão verbal, demonstramos bondade e amor quando lhes oferecemos outra forma de expressar seu mundo interior. Como afirma Provérbios 20.5, queremos ser pessoas de compreensão e desejamos alcançar o que está acontecendo no coração. Os indivíduos podem muitas vezes transmitir mais sobre suas emoções e experiências quando são motivados por imagens, símbolos e figuras que representam seu mundo interior.

Algumas amostras de atividades são fornecidas ao final deste capítulo. A maioria delas é aberta, o que significa que temos muitas opções quando usamos a arte para ver no que as crianças e os adolescentes estão interessados e como eles são capazes de se comunicar. Eu também ofereço sugestões de como você pode aperfeiçoar essas atividades em direção a uma percepção e um crescimento máximos para o aconselhado. Conforme mencionado anteriormente, sempre se sinta à vontade para adaptar o que você está fazendo a fim de ajustá-lo às necessidades da pessoa à sua frente.

Considere perguntar ao jovem se ele ou ela gosta de falar enquanto cria arte, se ele ou ela prefere o silêncio, ou se ele ou ela gostaria de uma música de fundo (isso pode criar uma atmosfera relaxante). Adapte o ambiente com o intuito de facilitar o maior envolvimento com o jovem.

Dê a ele ou ela tempo suficiente para trabalhar no projeto criativo. Observe calmamente ou fale com ele ou ela caso queiram dialogar. Às vezes é útil trabalhar (ou agir como se estivéssemos trabalhando) silenciosamente em algo ao lado do aconselhado, para que saiba que estamos disponíveis, mas sem que se sinta como se estivesse sendo examinado ao microscópio.

Pode ser tentador projetar nossa própria interpretação no projeto de arte que um jovem aconselhado cria, e haverá momentos em que teremos percepções ou suspeitas sobre o que pode estar acontecendo no quadro. Lembre-se, entretanto, que é mais importante ouvir as percepções e ideias da criança do que lê-las através de nosso próprio entendimento. O objetivo é extrair o mundo interior de uma criança; portanto, escute como ela percebe o que se passa dentro de si.

O USO ESTRATÉGICO DA TECNOLOGIA

Para explorar a imaginação das crianças e obter uma compreensão mais profunda de seus problemas, os conselheiros muitas vezes têm ido além das ferramentas habituais. Alguns conselheiros usam tablets e smartphones para atividades relacionadas ao aconselhamento, incluindo aplicações que incorporam arte e desenho de quadros, contação de histórias e o uso de um diário. Pedir a uma criança ou um adolescente para compartilhar fotos de família, amigos, animais de estimação e seus interesses é outra maneira de usar a tecnologia para criar uma conexão de forma pessoal, fazer perguntas e obter mais entendimento.

A tecnologia revolucionou a maneira como muitos conselheiros trabalham com crianças e adolescentes, tornando, assim, a ajuda mais facilmente acessível. O uso estratégico de computadores, tablets, smartphones, MP3 players e outros pode ser especialmente importante para conselheiros que trabalham em ambientes onde o processo de aconselhamento é frequentemente limitado pelas restrições de espaço, tempo, recursos ou outras responsabilidades.

A tecnologia tornou-se uma parte tão vital da vida moderna que há muitas opiniões fortes sobre o quanto ela deve ser incorporada ao trabalho de aconselhamento com crianças e adolescentes. Alguns argumentam que os jovens estão consumidos com telas e meios de comunicação de maneiras que são tanto viciantes quanto destrutivas; portanto, incorporar a tecnologia como uma ferramenta de aconselhamento exacerbaria ainda mais o problema. Outros argumentam que as crianças estão perdendo a capacidade de trabalhar com as mãos ou de parar para conversar, além de não conseguirem se comunicar bem, e que o uso da tecnologia também impediria que isso acontecesse no aconselhamento. Por causa dessas preocupações legítimas, deve-se ter cuidado com o motivo e a forma como escolhemos usar a tecnologia com qualquer criança ou adolescente.

Quando utilizada adequadamente, a tecnologia pode facilitar que as crianças se abram e que ministremos a elas de uma forma que lhes seja confortável. Pode-se argumentar que, para realmente construir pontes com os jovens, é imperativo entrar no mundo da tecnologia. É o reino em que muitos jovens estão envolvidos: redes sociais, computadores/tablets, smartphones, aplicativos, música etc. A entrada nesses mundos nos dará percepções valiosas e produzirá capital relacional com as crianças.

E, quando usada com cuidado, ela pode responder às lutas dos aconselhados. Programas baseados em tecnologia, como o iPad Playroom: A Therapeutic Technique de Marilyn Snow (que cria uma sala de jogos virtual para interação), o Marvel's Superhero Avatar Creator (onde você pode construir seu próprio super-herói), e outros programas criativos abriram a possibilidade de alcançar as crianças de novas maneiras.

Dito isso, a tecnologia está em constante fluxo. Aplicativos são criados e desaparecem com frequência. Portanto, é importante que você faça o trabalho de pesquisar quais recursos podem encaixar-se em seu contexto. Sou sempre cuidadosa na forma como trago a tecnologia para a sala de aconselhamento. Eu nunca quero que ela substitua a importância de construir confiança e relacionamento. Mas, quando usada corretamente, é uma ferramenta que nos conecta aos jovens e ajuda a manter essa conexão. Ela também pode proporcionar oportunidades para voltarmos a falar com eles de forma criativa e atenciosa.

Até mesmo a simples discussão da cultura pop ou dos meios de comunicação atuais construirá um relacionamento no aconselhamento. Muitos adolescentes começarão a se abrir quando lhes pedirmos para compartilhar uma música ou um vídeo favorito. Podemos nos oferecer para assistir online com eles e discutir o que gostam sobre o assunto. A maioria das músicas mostrará a letra, o que nos ajudará a falar sobre a mensagem e por que ela é apelativa para eles.

Vamos procurar maneiras como essas de abrir portas para o mundo deles. Muitas vezes quando mostramos interesse no que as crianças gostam, elas baixam suas defesas e nos permitem entrar voluntariamente para abordarmos suas vidas.

AMOSTRAS DE ATIVIDADES ARTÍSTICAS

A figura de uma árvore

Do que você precisa:

Papel em tamanho A3 ou maior.

Diversos instrumentos de arte – giz de cera, lápis de cor, canetinhas etc.

Objetivos:

Os jovens frequentemente compartilharão mais sobre si mesmos quando solicitados a desenharem ou se imaginarem de uma forma diferente. Esse exercício busca ajudá-los a pensar como eles se veem; como os outros os veem; como é a percepção deles em relação aos seus pontos fortes, fracos e aos seus relacionamentos – ou talvez como eles estão sozinhos ou enraizados na comunidade.

O local onde uma árvore é plantada (perto de um ribeiro de água ou em um deserto) muitas vezes dá uma ideia de como alguém se sente bem cuidado, nutrido, como está profundamente enraizado e onde encontra descanso.

As estações do ano podem ser uma metáfora poderosa. À medida que crescemos, aprendemos a aceitar que a vida tem estações, boas e ruins, com bênçãos e lutas (tipificadas como primavera/verão ou outono/inverno). Você pode usar essa atividade artística para aprender em que estação do ano seu aconselhado está, e começar a construir uma imagem de como ele enxerga a própria vida e de que maneira você pode ajudá-lo a enxergar o Senhor em meio a qualquer estação do ano em que ele esteja.

Instruções:

Usando a ideia da árvore como uma metáfora, faça um *brainstorming* de todas as características e traços de uma árvore. Liste com o jovem todos os vários tipos de árvores que vocês conseguirem pensar, juntamente com o lugar onde é possível encontrá-las, se elas produzem algum fruto ou flor, em que estações essas árvores prosperam ou não etc.

Pergunte ao aconselhado: "Se você fosse uma árvore, que tipo de árvore você seria?". Oriente-o a começar a desenhar-se a si mesmo como uma árvore. Peça à criança que considere qual seria seu entorno, em que época estaria e o que mais incluiria na figura que a representa. Alguém ou alguma coisa estaria na figura com ela? Haveria alguma coisa na árvore?

Dê tempo aos aconselhados para trabalhar na árvore, e só lhes diga para informá-lo quando tiverem terminado. Incentive-os a se esforçarem na dedicação ao desenho. Peça-lhes que compartilhem seu desenho e por que escolheram certos detalhes para a figura que fizeram. Que pontos fracos ou preocupações eles identificam? Tome nota disso e faça mais perguntas.

Perguntas de acompanhamento:

- Que árvore você escolheu para si mesmo? Por quê?
- Como ela representa você?
- Há alguma coisa dentro da árvore ou em cima da árvore? O que isso representa?
- O que está ao redor da árvore? Você escolheu um ambiente específico? Em caso afirmativo, por quê?
- Você está sozinho no quadro? Se não, quem ou o que mais está lá com você?
- Em que estação você acha que está e por quê?
- Como está o clima? Tem sido assim por muito tempo? Você acha que esse clima vai durar?
- O que você gostaria de mudar se fosse possível?
- Quais você acha que são os pontos fortes de seu quadro? E os pontos fortes em relação a você?

Coisas a observar:

Procure saber quão abstrato ou simbólico seu aconselhado é em sua autoexpressão. Eles são bem literais e criam uma imagem de uma árvore favorita que há no quintal de suas casas, oferecendo pouca informação sobre si mesmos? O jovem usa prontamente essa atividade para fazer conexões úteis consigo mesmo e com sua situação pessoal? Que preocupações ou objetivos você identifica?

A seguir: Como você passa da coleta de informações sobre árvores, meio ambiente e estações do ano para a discussão das questões da vida real de um aconselhado? Depende de quais informações você descobre à medida que o projeto avança. Será que o desenho fornece uma visão útil sobre as circunstâncias nas quais ele se encontra e as visões que ele tem? Há maneiras de contribuir e de fornecer mais clareza ou exatidão? Há percepções errôneas que você precisa corrigir de forma gentil ou maneiras de afirmar o que eles veem? Há objetivos úteis que você possa desenvolver para ministrar a eles?

Essa atividade artística pode ser combinada bem com a atividade "A Árvore Frutífera" disponível na página 216 se isso ajudar o jovem a fazer conexões com suas escolhas, seus comportamentos e motivações do coração.

Atividade da ponte

Do que você precisa:

Papel em tamanho A3 ou maior.

Diversos meios de arte – giz de cera, lápis de cor, canetinhas etc.

Objetivos:

Os jovens muitas vezes revelam coisas sobre si mesmos quando recebem uma tarefa aberta como essa. Queremos ver o que eles fazem com as instruções, assim como entrar e guiá-los em uma conversa produtiva. Isso pode avançar no sentido de estabelecer metas e fazer boas escolhas – considerar escolhas ou coisas das quais eles estão se afastando ou deixando para trás, o que eles gostariam de fazer e os passos que querem dar para chegar lá.

Instruções/ Perguntas de acompanhamento/ Coisas a observar:

Peça ao jovem que desenhe uma ponte – qualquer ponte que ele deseje. Alguns farão mais perguntas sobre por que eles devem desenhar uma ponte, que tipo de ponte você quer que eles desenhem ou se a ponte representa eles mesmos. Explique que eles podem desenhar o que quiserem e que não há maneira certa ou errada de fazer essa atividade. Você quer observar como e o que eles desenham. Isso moldará as perguntas que você fará e em que direção você as conduzirá.

- Será que eles se desenham na figura?
- Eles estão na ponte? Em que direção eles estão indo?
- Há alguma coisa debaixo da ponte? O quê?
- Qual é o contexto, a localização ou o fundo, se houver?
- Alguma parte do desenho tem algum significado para eles?

Se você achar que o desenho de uma ponte fez sentido para eles e for conduzir sua discussão em uma direção óbvia, sinta-se à vontade para adaptar-se e seguir na direção do que é útil para eles. Caso contrário, aqui estão algumas ideias de acompanhamento para coletar informações e desenvolver uma relação significativa:

- Se você estivesse na ponte, onde você estaria e por quê?
- Em que direção você estaria indo?
- Você está indo em direção a alguém ou a alguma coisa ou indo para longe? O quê ou quem?
- O que você está esperando? Com o que você está preocupado?
- Há alguém na ponte com você?
- Há passos que podemos dar para ajudá-lo a crescer, mudar ou fazer escolhas positivas?

Atividade do barco e do refúgio

Do que você precisa:

Papel em tamanho A3 ou maior.

Diversos meios de arte – giz de cera, lápis de cor, canetinhas etc.

Objetivos:

Essa atividade pode ser especialmente útil para aqueles que lutam contra a ansiedade e o medo. É um cenário para eles pensarem sobre como suas emoções e crenças impactam a maneira como eles olham para a vida, e onde/como encontram abrigo.

Instruções/ Perguntas de acompanhamento/ Coisas a observar:

Peça ao jovem que desenhe um barco – qualquer barco que ele gostaria – e peça-lhe que desenhe em que tipo de ambiente o barco está. Explique que eles podem desenhar o que quiserem, e que não há maneira certa ou errada de fazer esse exercício.

Depois que a criança completar seu desenho, faça algumas destas perguntas:

- Que tipo de barco você desenhou? Por quê?
- Você está no barco? Você está na figura? Onde?
- O que mais você desenhou na figura? Por quê?
- Em que tipo de corpo d'água você se encontra? Por quê?
- O corpo d'água é calmo, agitado ou assustador?
- Como é o clima? Qual é a estação do ano?
- Alguém precisa ser resgatado? Se sim, do quê?
- Como a ajuda pode ser fornecida? Por quem?

Algumas crianças ou adolescentes acharão essa atividade simplesmente divertida, mas a finalizam tão rapidamente e em um nível tão superficial que você não é capaz de reunir informações muito úteis. Outros jovens revelarão muito sobre si mesmos e suas opiniões sobre segurança, estabilidade, como eles encontram descanso e como veem o Senhor. Aqui estão algumas perguntas adicionais a serem feitas:

- Se Deus entrasse nessa situação, como seria?
- Como ele viria?
- Considere as seguintes passagens dos Salmos. Quais são algumas maneiras de descrever Deus? Como isso o ajuda quando você está enfrentando uma grande tempestade em sua vida?

Salmo 73.28: "Quanto a mim, bom é estar junto a Deus; no Senhor Deus ponho o meu refúgio, para proclamar todos os seus feitos."

Salmo 62.7: "De Deus dependem a minha salvação e a minha glória; estão em Deus a minha forte rocha e o meu refúgio."

- Como seria se Deus fosse seu refúgio nessa figura?
- O que significa dizer que o Senhor é a sua rocha?

Salmo 18.2: "O Senhor é a minha rocha, a minha cidadela, o meu libertador; o meu Deus, o meu rochedo em que me refugio; o meu escudo, a força da minha salvação, o meu baluarte".

- Se Deus entrasse nesse quadro, o que você desenharia?
- Como ele ajudaria?
- Como ele seria seu libertador? Seu escudo?

Faça um *brainstorming* com o adolescente ou a criança e veja o que ele pode encontrar. Procure maneiras de ajudá-los a fazer conexões quando eles mesmos estiverem tendo dificuldade em fazê-lo. Então, considere como você pode fazer com que essas conexões ganhem vida nas áreas onde eles realmente têm dificuldade. Como eles podem confiar em Deus para ser o libertador deles, e o que isso significa de forma tangível nas circunstâncias em que se encontram? O que eles podem e devem esperar que Deus faça ou não faça?

Os Salmos estão cheios de imagens ricas para ilustrar as formas como Deus é escudo, protetor, refúgio, torre forte, abrigo etc. Sinta-se livre para pensar de forma cativante e criativa, pois as Escrituras podem falar com a criança com quem você está trabalhando.

Atividade da porta

Do que você precisa:

Figura de uma porta.

Papel em tamanho A3 ou maior.

Diversos meios de arte – giz de cera, lápis de cor, canetinhas etc.

Objetivos:

A imagem de uma porta pode representar antecipação – o que está do outro lado dela? Também pode representar esperanças e sonhos, ou medos e incertezas sobre o futuro. Para alguns, uma porta pode simbolizar o perigo e os inimigos que estão à espera. Ao contrário, uma porta também pode simbolizar um convite para iniciar algo novo e animador. Qualquer que seja a metáfora, a imagem de uma porta pode ser usada para envolver uma criança ou um adolescente a fim de ajudá-los a descobrirem o que imaginam estar atrás dela e por quê.

Instruções:

Você pode optar por ser não-diretivo em sua abordagem. Diga algo do tipo: "Temos aqui uma porta. Quero que você imagine o que pode estar esperando por você do outro lado. Você pode escrever seus pensamentos e suas respostas ou desenhar um quadro. O que você prefere?". Ou você poderia ser mais específico e diretivo, dizendo algo como: "Eu sei que você está preocupado com seu último ano do ensino médio. Se você pudesse imaginar todas as coisas que esperam por você do outro lado dessa porta ao começar a escola, boas ou ruins, quais seriam elas?".

Depois de escreverem, desenharem ou interagirem com sua pergunta de alguma outra maneira, esteja atento ao que eles compartilham e por quê. Assim como nas atividades anteriores, a forma como você se dirige e fala sobre a vida e as circunstâncias de alguém corresponderá diretamente com o que você descobre e com o modo como você entende a necessidade daquela pessoa. Você vai querer considerar como o evangelho cruza com as experiências do aconselhado e como você pode construir pontes entre os dois.

Coisas a observar:

Mais uma vez, esse recurso pode ir em uma infinidade de direções. Peça ao Senhor sabedoria enquanto você procura os temas que surgem. Você vai querer fazer perguntas baseadas no que a criança ou o adolescente divulgar. Isso também exigirá que você se pergunte como o Senhor fala a essas questões e como você pode começar a falar sobre isso com a criança. Procure:

- Padrões, hábitos ou comportamentos que precisam ser abordados.
- Conflito relacional que pode ser identificado e trabalhado.
- Fortes medos ou emoções que você pode acompanhar e perguntar o que eles informam ao aconselhado.
- *Áreas* nas quais eles estão animados, encorajados e/ou encontram esperança.
- *Áreas nas quais são tentados a colocar demasiada esperança ou conforto.*

7
ATIVIDADES PARA EXTRAIR O INTERIOR DO CORAÇÃO DE CRIANÇAS E ADOLESCENTES

ENTENDENDO AS CRIANÇAS

No aconselhamento, queremos ter certeza de que estamos empenhados em conhecer bem os outros. Isso significa que somos tardios em tirar conclusões e demonstramos primeiro que os aconselhados são ouvidos e conhecidos. Provérbios 18.2 nos adverte: "O insensato não tem prazer no entendimento, senão em externar o seu interior". Que nunca sejamos pessoas que tenham prazer em falar rápido demais e em expressar nossas próprias opiniões. O amor de Deus nos obriga a sondar os outros, ouvir bem, compreender o mais completamente possível e depois falar a verdade com sabedoria.

Esta seção diz respeito a exatamente isto: extrair atenciosamente o que está no interior das crianças e dos adolescentes para que possamos conhecê-los bem. Algumas atividades trazem à tona seus sentimentos, outras trazem à tona seus valores, pensamentos/crenças, medos/ansiedades, dinâmicas familiares e circunstâncias. Todas as atividades, de um grau a outro, trazem à tona a forma como eles enxergam o mundo.

O que vem a seguir foi declarado no capítulo anterior, mas cabe repetir. Sempre se lembre de que:

- Você está adaptando as atividades à criança que está à sua frente. Considere o que você espera aprender sobre elas.
- Na maioria das vezes, cada atividade expressiva pode ser modificada tanto para crianças de ensino fundamental quanto para adolescentes; exceções serão apontadas conforme necessário.
- Não tenha pressa para fazer a atividade. Ela não é um item a ser riscado em sua lista; não há um prazo determinado. Seu objetivo é construir pontes de confiança e relacionamento, e abrir portas para conhecê-los melhor no futuro.
- É bom parar e falar sobre as coisas que surgem enquanto a atividade é feita. Não se concentre simplesmente em um resultado final (completar a tarefa), mas realmente invista no processo (aprender, conhecer e ver o mundo através dos olhos da criança).
- Muitas vezes é útil ampliar várias das imagens vistas neste livro para que os jovens tenham mais espaço para trabalhar, colorir ou desenhar. O tamanho de pôster é ótimo para ser usado com os jovens. Eles também podem ser laminados para uso com marcadores apagáveis. Você pode adicionar tiras de velcro a um pôster laminado, assim como às borboletas, às moscas, aos corações, aos pontos ou a qualquer outro item criativo que você gostaria de usar. Seja criativo. Sinta-se à vontade para construir sobre as atividades, remodelá-las de acordo com as necessidades de sua situação, e até mesmo para criar a sua própria.

ENTENDENDO A IDENTIDADE DAS CRIANÇAS

Conheça-me

Do que você precisa:

Folha de atividades Conheça-me

Objetivos:

Na página seguinte está uma simples folha de atividade que você pode percorrer com as crianças quando vocês se encontrarem pela primeira vez. É uma maneira de quebrar o gelo e de fazer perguntas interessantes e divertidas sobre quem elas são e do que gostam.

Instruções:

Você pode entregar essa folha antes que a criança se encontre com você e deixar que ela preencha com suas próprias palavras. Ou, vocês podem preenchê-la juntos, como uma forma de conhecer a criança. Ao preenchê-la, muitas vezes reservo um tempo para fazer perguntas de acompanhamento e ver se eles vão compartilhar mais informações sobre a família, sobre como é a escola, de quem eles são mais próximos etc.

Perguntas de acompanhamento:

Essas perguntas serão personalizadas às repostas específicas que cada jovem der.

CONHEÇA-ME

Meu nome é:

Minha idade:

Eu moro com:

Eu estudo na ______________________________ (escola)

e estou no ________ (ano).

Minhas matérias preferidas são:

As matérias de que menos gosto são:

As coisas que mais gosto de fazer são:

As coisas que menos gosto de fazer são:

Sou bom em:

Não sou bom em:

Quando estou sozinho, eu penso em:

Sinto-me feliz quando:

Fico preocupado com:

Fico triste quando penso em:

Sou capaz de compartilhar melhor meus sentimentos quando:

As pessoas com quem mais gosto de passar tempo junto são:

É difícil passar tempo com:

Eu passo mais tempo com:

Gosto quando minha família:

Eu não gosto quando minha família:

Eu não gosto de contar aos outros:

É fácil falar com as pessoas quando elas:

Eu gostaria que as pessoas:

As pessoas que me fazem sentir seguro são:

As pessoas que me fazem sentir inseguro são:

Eu descreveria Deus assim:

Sinto-me perto de Deus quando:

Não me sinto perto de Deus quando:

Atividade do Doce Colorido

Do que você precisa:

Doces em cores variadas.

Objetivos:

Esta é uma ótima atividade de conhecimento que pode iniciar o processo de extrair o que uma criança pensa, sente ou como ela enxerga a vida. Ela também pode ser adaptada para discutir uma área específica de preocupação em um nível mais profundo.

Instruções:

Tenha em mãos uma variedade de doces coloridos. Tente também ter mais de uma opção, no caso de uma criança ter alguma alergia alimentar ou não gostar de um tipo específico de doce. Selecione uma bolsa, despeje um monte de doces na frente da criança e peça à criança para ajudar a separar os doces por cor. Explique que cada monte de doces representa um assunto sobre o qual elas podem conversar com você. Pergunte com que cor elas gostariam de começar e dê-lhes o pequeno monte de balas. Diga-lhes qual é o tema que a cor representa e peça a eles que lhe digam uma coisa (uma emoção ou uma ideia, por exemplo, dependendo do tema em questão). A criança pode então comer um pedaço de doce para cada exemplo compartilhado. Por exemplo, se eu quiser falar com uma criança sobre raiva, posso escolher um monte de doces vermelhos e dizer: "Diga-me todas as coisas que o fazem sentir raiva. Você pode comer um pedaço de doce para cada exemplo que você me der. Pronto?".

Use esta atividade para extrair os pensamentos e sentimentos das crianças sobre cada coisa que elas compartilham. Peça-lhes exemplos, peça para contarem uma história a você etc. Se uma criança está compartilhando todas as coisas que a deixam ansiosa, introduza mais perguntas como: "Andar de ônibus a deixa ansiosa? Por quê?". Aguarde a resposta. "Há pessoas no ônibus que a deixam ansiosa? Quem?" Aguarde a resposta. Então elas podem optar por ir para a próxima coisa que as deixa ansiosas. Uma vez terminado, passe para a próxima cor/tópico até que você tenha esgotado o tempo ou o doce tenha acabado.

Se existe um tópico específico sobre o qual você realmente quer encorajar uma criança a falar, escolha a cor com mais doces e use essa cor para representar o tópico sobre o qual você quer aprender. Isso é particularmente útil para crianças mais novas ou para aquelas que precisam de um pouco mais de motivação para compartilhar.

Essa atividade pode ser ampla, como mencionado acima, ou pode ser muito específica a um tópico que você conhece ou suspeita que a criança venha tendo dificuldade. Considere que tipo de informação você gostaria de aprender e adapte as perguntas à sua situação. A seguir estão algumas abordagens/tópicos possíveis, e o que as várias cores dos doces podem representar:

Categorias gerais:

Azul – coisas que a deixam triste.

Vermelho – coisas que a deixam com raiva.

Verde – coisas que a deixam animada.

Amarelo – coisas que a deixam feliz.

Laranja – coisas que a deixam chateada.

Marrom – coisas que a machucam.

Tópico específico: Raiva

Vermelho – algo que a deixa com raiva.

Marrom – algo que você faz quando está com raiva.

Laranja – um palpite sobre o motivo disso a deixar com raiva.

Amarelo – algo que você gostaria de sentir ao invés de raiva.

Verde – algo que você poderia fazer diferente quando estiver com raiva.

Azul – algo que uma pessoa poderia fazer para ajudar você.

Coisas a observar:

Mais uma vez, personalize as categorias e as perguntas com base no que você está tentando encorajar a criança a falar. As crianças tenderão a ser menos resistentes na discussão de temas desagradáveis quando motivadas por algo agradável no processo. Antes que você perceba, elas estão compartilhando coisas que talvez nunca teriam compartilhado sem que houvesse um divertimento agradável.

Por exemplo, se você quiser incutir habilidades de solução de problemas, talvez faça um monte de doces maior e chame-o de "respostas gentis que você pode dizer ao seu pai quando estiver com raiva", "coisas que você poderia dizer a um valentão" ou "maneiras de você responder às brigas com sua irmã".

Sinta-se à vontade para fazer *brainstorming* com crianças quando elas ficarem presas. Talvez elas compartilhem uma boa ideia e você possa acrescentar mais algumas sugestões ou exemplos. Lembre-se, essas atividades têm o objetivo de facilitar a conversa aberta e a mudança. O objetivo não é ater-se a um roteiro ou simplesmente competir na tarefa; é entrar no mundo delas, compreendê-las e ajudá-las a efetuar mudanças.

Se eu fosse um super-herói

Do que você precisa:

Folha de atividades Se eu fosse um super-herói.

Objetivos:

Os super-heróis têm fomentado tremenda inspiração e imaginação na vida dos jovens. Há muitas razões para que crianças e adolescentes sejam atraídos por uma história ou um filme de super-heróis. Eles possuem capacidades notoriamente extravagantes, elevam-se triunfantemente acima do conflito e da desgraça, dão um sentido de esperança na tragédia, mostram coragem diante da opressão e demonstram o bem triunfando sobre o mal. Eles fornecem exemplos de vencedores que superam a adversidade e de desfavorecidos que alcançam o impossível. Por causa disso, os super-heróis podem ser prontamente usados para formar uma conexão com as crianças no aconselhamento.

As crianças se apegam rapidamente às histórias emocionantes de resgate. Essas narrativas podem fornecer um caminho para crianças e adolescentes usarem a imaginação a fim de dar vida às suas próprias histórias e singularidades.

Instruções:

Converse sobre cada uma das perguntas. Enquanto a criança responde, sinta-se à vontade para fazer perguntas de acompanhamento e entrar em uma discussão sobre o motivo pelo qual a criança respondeu da forma como o fez. Muitas vezes, uma pergunta pode levá-la a uma conversa significativa que diz muito sobre como a ela pensa, sente e percebe a vida.

As perguntas de acompanhamento fluirão a partir das respostas que lhe forem dadas. Será que a criança sente que tem inimigos? Em caso afirmativo, por quê? O que torna alguém um inimigo? Se a criança identifica uma fraqueza, essa fraqueza se compara a uma luta/fraqueza em sua vida real ou ela é imaginária?

Coisas a observar:

Em uma atividade como essa, você está procurando maneiras pelas quais as respostas reflitam as percepções, os medos, as inseguranças, as preocupações e os desejos da criança. Existe um anseio por um colega e por relacionamentos, ou a criança expressa um desejo de isolamento? O que o superpoder desejado diz sobre a criança? Existe alguma correlação com o que está ocorrendo na vida dela ou nas dificuldades que ela enfrenta?

Onde houver conexões claras com o que está acontecendo na vida da criança, será bom considerar como você pode usar isso para abordar a dificuldade que ela está vivendo. É preciso reflexão, imaginação e sabedoria para encontrar as verdades bíblicas. Enquadrar de forma criativa a conversa em torno do prazer que elas têm em seus super-heróis servirá para envolvê-las bem.

SE EU FOSSE UM SUPER-HERÓI

Se eu fosse um super-herói, eu seria:

Meus poderes de super-herói seriam:

Minhas fraquezas seriam:

Meu inimigo seria:

Porque:

Minha fantasia de super-herói seria:

Meu esconderijo de super-herói seria:

Meu parceiro seria:

Ele ou ela me ajudariam da seguinte forma:

Minha linha do tempo

Do que você precisa:

Folha de atividades Minha linha do tempo e caneta ou lápis.

Objetivos:

Essa atividade pode ser uma maneira útil para você construir uma linha do tempo de eventos da vida, bons ou ruins, que impactaram a criança ou o adolescente com quem você está trabalhando. Você pode ajudar uma criança ou um adolescente a mapear cronologicamente eventos importantes para ter uma visão ampla de sua vida. Conversar sobre os principais eventos ano a ano (ou evento a evento) ajudará você a reunir detalhes importantes e a ver uma ordem precisa desses eventos.

Instruções:

Peça à criança para compartilhar seus momentos mais felizes da vida no topo da linha do tempo e seus eventos mais difíceis na parte inferior da linha do tempo. Você pode preencher a ficha enquanto ela conta sua história para você. Às vezes, crianças mais velhas podem querer ser a pessoa que escreve as respostas, mas minha experiência é que isso atrasa a conversa; a maioria fica mais feliz em permitir que você seja o "ajudante" delas.

Quando possível, também é útil dar uma cópia aos pais e pedir a eles que escrevam o que enxergam como sendo eventos de impacto na vida de seus filhos, enquanto você preenche uma folha de trabalho separada com a criança ou o adolescente. Isso lhe dará uma oportunidade de comparar o que cada parte escreveu. É sempre útil ter tanto a perspectiva dos pais quanto o ponto de vista da criança. Isso ajuda a avaliar a lembrança que a criança tem dos acontecimentos e a confirmar os fatos. Também fornece uma imagem de como os eventos se desenrolaram e muitas vezes ajuda o jovem a recuar e ver sua vida de uma maneira ordenada.

Perguntas de acompanhamento:

- Há alguma coisa que o surpreenda ou que você considere interessante sobre sua linha do tempo?
- Se você pudesse acrescentar ou retirar algo que tenha acontecido, o que seria?

Coisas a observar:

À medida que você revisa a linha do tempo completa do jovem, os eventos positivos ou negativos se agrupam ou se espalham? Houve um ou dois anos em particular que o afetaram mais profundamente do que outros? Como isso o afetou em termos de desenvolvimento? Quem o ajudou a processar ou a responder a esses eventos?

Quando possível e com permissão, eu gosto de compartilhar a linha do tempo com um dos pais para reunir suas observações. É possível que uma criança tenha datas ou eventos confusos. Também pode ser útil que um dos pais acrescente outros eventos significativos que eles acham que a criança escondeu ou que ela simplesmente não tem conhecimento ou ainda que esqueceu. Também é possível convidar os pais a observarem e a participarem, quando benéfico.

MINHA LINHA DO TEMPO

POR ______________________________

(Coloque seu nome aqui)

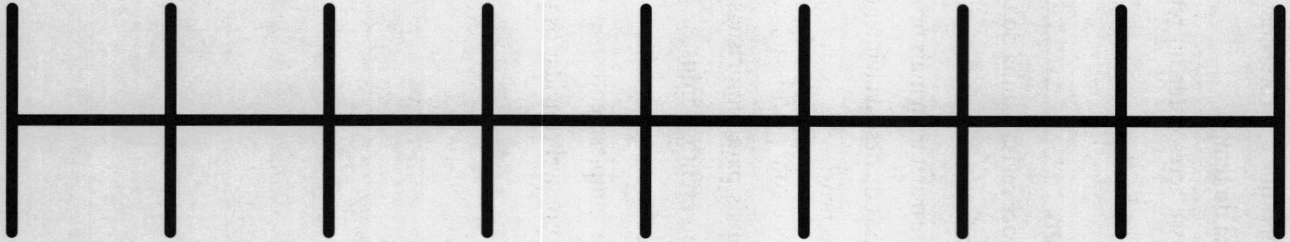

IDADE_____ **IDADE**_____ **IDADE**_____ **IDADE**_____ **IDADE**_____ **IDADE**_____ **IDADE**_____ **IDADE**_____ **IDADE**_____

Perguntas para adolescentes

Do que você precisa:

Folha de Perguntas para adolescentes.

Instrumento para escrita.

Objetivos:

Reunir informações sobre as visões, os gostos, as aversões e as percepções dos adolescentes.

Instruções:

Essa folha pode ser preenchida pelo adolescente antes de vocês se encontrarem. Ela também pode ser preenchida no primeiro encontro ou ser enviada para casa como tarefa.

Perguntas de acompanhamento:

Não são necessárias perguntas de acompanhamento, a menos que o adolescente diga algo que você sinta necessário ser discutido posteriormente.

Coisas a observar:

- Quão curtas ou longas são as respostas do adolescente?
- Ele/ela se abre e compartilha ou as respostas são fechadas e não reveladoras?
- Algum tema ou padrão significativo emerge das respostas?
- Algo perturbador ou alarmante é revelado?
- O adolescente tem relacionamentos saudáveis em sua vida?
- Ele/ela tem algum relacionamento destrutivo?

Essas informações devem fornecer um ponto de partida para conhecer melhor um adolescente. Em que áreas o adolescente parece estar bem ajustado e maduro? Em que áreas parece estar lutando com algo, escondendo algo ou pensando insensatamente? Como você pode se aproximar para falar um pouco mais sobre essas questões?

PERGUNTAS PARA ADOLESCENTES

1. Quais são seus objetivos de vida? O que você espera alcançar ou ter?

2. No que você deposita sua esperança?

3. Quais são as coisas com as quais você se preocupa ou que você teme?

4. Quando se sente sobrecarregado por tristeza ou ferido, o que você sente vontade de fazer?

5. O que você acha que precisa?

6. O que faria você se sentir melhor em seu pesar ou medo?

7. Que coisas ou maneiras você procura a fim de ter suas necessidades atendidas?

8. O desempenho é importante para você? Por quê ou por que não?

9. O que as pessoas pensam é algo importante para você? Por quê ou por que não?

10. De quem a opinião ou aprovação é mais importante para você? Por quê?

11. Quem ou o que é modelo para você?

12. O que dá sentido à sua vida?

13. Em seu leito de morte, o que resumiria sua vida como uma que valeu a pena?

14. Como você define o sucesso?

15. Como você define o fracasso?

16. O que o faz sentir-se seguro?

17. O que você valoriza?

18. Sobre o que você ora?

19. Como você gasta o seu tempo livre? O que você gosta de fazer?

20. Como você completaria o pensamento, "Se ao menos..."?

21. Onde você encontra sua identidade? Como você define quem você é?

Se eu fosse um(a)...

Do que você precisa:

Folha de atividade "Se eu fosse um(a)...".

Instrumento de escrita.

Objetivos:

O objetivo é reunir informações sobre a criança de uma forma criativa. É um exercício projetivo para ver como as crianças se percebem e por quê. Essa atividade muitas vezes revelará se elas se inclinam para serem abstratas ou concretas, e de que forma a imaginação delas é ativa.

Instruções:

Deixe-as responder as perguntas ou ofereça-se para ser o "ajudante", escrevendo as respostas para elas. Lembre-se de que, muitas vezes, as crianças escreverão o mínimo possível, enquanto você quer reunir o máximo de informações. Sempre que puder escrever, elas provavelmente terão mais a dizer, e você terá documentado seus pensamentos e ideias mais detalhadamente.

Perguntas de acompanhamento:

Você pode querer simplesmente expor o que eles dizem fazendo perguntas mais profundas, como por exemplo:

- O que você gosta sobre ser esse tipo de [árvore, animal, cor]?
- Por que essa estação do ano a deixa [feliz, triste, com medo]?

Coisas a observar:

Em termos de desenvolvimento, você vai querer observar como essa atividade é fácil ou difícil para as crianças.

Você está procurando ver quão vívida é (ou não) a imaginação delas. As crianças são autorreveladoras ou autoprotetoras? Elas se tornam tolas e suas respostas não têm significado? Será que elas pensam profundamente e demonstram uma extraordinária perspicácia?

"SE EU FOSSE UM(A)..."

Se eu fosse uma árvore, eu seria:

Porque:

Se eu fosse uma cor, eu seria:

Porque:

Se eu fosse um animal, eu seria:

Porque:

Se eu fosse um brinquedo, eu seria:

Porque:

Se eu fosse um super-herói, eu seria:

Porque:

Se eu fosse uma pessoa famosa, eu seria:

Porque:

Se eu pudesse viver em qualquer estação do ano, eu viveria na(o):

Primavera Verão Outono Inverno

Porque:

Se eu fosse um inseto, eu seria:

Porque:

Se eu fosse um tipo de veículo, eu seria:

Porque:

Se eu fosse um personagem de contos de fada, eu seria:

Porque:

ENTENDENDO SUAS EMOÇÕES

O que você está sentindo?

Do que você precisa:

- Uma variedade de opções de cor, se possível: giz de cera, lápis de cor, canetinhas de ponta fina etc. No entanto, se você tiver apenas uma opção disponível, certifique-se de que as crianças tenham uma grande variedade de cores para trabalhar.
- Folha de atividade O que você está sentindo?
- O contorno da pessoa (ou do coração). Nas páginas seguintes você verá esse contorno da pessoa usado para várias atividades expressivas.
- Quadro de Emoções. Essa ferramenta pode ajudar as crianças e os adolescentes que sentirem-se empacados (ou que precisarem de um estímulo) quando estiverem pensando nas emoções que sentem. Faça com que eles identifiquem as emoções com as quais eles mais se identificam.

Objetivos:

- Atividade de coleta de informações para adolescentes e crianças, projetada para ajudar a explorar e avaliar as emoções de uma criança.
- Identificar as emoções que uma criança/adolescente sente com mais frequência e como essas emoções são vivenciadas.
- Ajudar a criança ou o adolescente a ter uma maior autoconsciência de seus sentimentos.
- Identificar emoções problemáticas que podem precisar de ajuda/intervenção.
- Estabelecer metas para ajudar a criança a trabalhar as emoções negativas ou destrutivas.

Instruções:

É importante realizar essa atividade em passos:

1) Todos nós temos coisas que sentimos. Usando a página dos círculos "O que você está sentindo?", pergunte: "Diga-me seis emoções que você acha que sente com mais frequência? Quero que escreva (ou eu posso escrever para você) uma emoção em cada círculo".
2) Comece com o primeiro círculo. Diga: "Conte-me que emoção você escolheu". (Por exemplo, a criança pode escolher "raiva".) Agora pergunte: "Que tipo de coisas fazem você sentir (raiva)? Eu serei seu ajudante e escreverei o que você me disser". Quando a criança terminar, pergunte: "O que mais?". Continue perguntando até que a criança diga que terminou. Você sempre quer supor que as crianças têm mais para compartilhar até que elas digam que não têm. Faça isso com cada círculo/emoção e escreva o que elas dizem ao lado de cada círculo.
3) Uma vez terminado, diga que você gostaria que ele/ela escolhesse uma cor que melhor representasse a emoção e que colorisse o círculo com essa cor. Peça à criança que faça isso com cada círculo, e deixe disponível cada lápis de cor ou giz de cera para que ela possa usá-lo novamente. Depois que a criança terminar, volte e pergunte qual cor ela escolheu para cada círculo e por quê. Peça que ele/ela lhe diga a cor em vez de você presumir a cor. Por exemplo, o vermelho pode ser uma cor de frutas vermelhas porque lembra à criança morangos que a fazem feliz, ou o azul pode ser azul claro por causa de lágrimas/tristeza. Dê às crianças a oportunidade de matizar suas respostas, se elas quiserem. Algumas dirão apenas: "Marrom, porque parece uma emoção marrom". Registre ao lado de cada círculo o que elas dizem.
4) Faça com que elas peguem cada cor que escolheram para suas emoções e pintem o contorno de seu corpo (fornecido na página 149) em todos os lugares onde elas sentem essa emoção. Quando terminarem, peça que lhe falem sobre a foto, em que parte do corpo colocaram a emoção e por quê. Registre o que elas dizem no mesmo papel.

Esta atividade também pode ser feita com o contorno de um coração (também fornecido na página 150). Você pode perguntar: "Pinte em seu coração onde você acha que sente emoções e o quanto você as sente". Para a maioria das crianças, quanto maior/forte a emoção, mais espaço ocupará no coração. O coração lhe dá uma ideia do que elas sentem com mais intensidade e com que frequência. O contorno do corpo lhe dá uma ideia de como a emoção pode aparecer na forma de ações e comportamento.

Perguntas de acompanhamento:

Você sempre deve adaptar sua linguagem, instruções e perguntas de acompanhamento ao nível de desenvolvimento da criança ou do adolescente com quem você está trabalhando. Observe também que essa atividade pode ser feita um a um, em um contexto familiar ou em grupo. Compartilhar em pequenos grupos pode ajudar os adolescentes a sentirem que não estão sozinhos em suas lutas com as várias emoções e pode ajudar a facilitar discussões saudáveis sobre como lidar com elas.

Coisas a observar:

Fazer essa atividade pode lhe fornecer várias percepções. Primeiro, observe como as crianças respondem a uma atividade como essa. O que ela diz acerca do nível em que as crianças estão tanto no desenvolvimento quanto no emocional? Elas gostam de colorir ou não gostam? O trabalho delas é limpo e organizado, ou bagunçado e desorganizado? Elas levam muito tempo para decidir e pensar, ou se apressam e se movem rapidamente? Elas têm dificuldade ao expressarem suas emoções? Elas têm dificuldade para escolher ou identificar as emoções?

Em segundo lugar, você quer entender melhor quais situações criam essas emoções. O que as deixam felizes? Tristes? Zangadas? Com medo? Nervosas? Entediadas? Isso revela dificuldades de relacionamento em casa ou com os outros? Revela lutas internas? As emoções que elas escolheram são mais negativas? Positivas? Equilibradas? Em caso afirmativo, por quê? Como as crianças/adolescentes percebem suas vidas ou a si mesmos?

Terceiro, estabeleça uma ideia daquilo com o que a criança pode precisar de ajuda, o que você pode ajudar a fomentar/animar nela, e o que precisa mudar. Isso também poderia ser compartilhado com um dos pais para reunir as contribuições que eles tenham: O que os surpreende? O que eles validam? O que acrescentariam a partir da perspectiva deles?

Sugestões adicionais para crianças mais novas:

Se uma criança é mais nova e ainda não entende o conceito de emoções e cores, você pode usar livros para ajudar a construir sua compreensão. O Livro *My Many Colored Days*, do Dr. Seuss, é um ótimo livro para ler em voz alta antes de iniciar a atividade, a fim de construir uma imagem do que elas devem fazer na atividade.[12] Aviso: algumas crianças tentarão imitar as emoções e ideias do livro, então você deve querer enfatizar a necessidade de pensar nas emoções que elas sentem com mais frequência.

Você pode fazer perguntas de acompanhamento para estabelecer objetivos ou primeiros passos, como:

- Numere as emoções de 1-6 na ordem de quantas vezes você as sente. O que você mais sente? Quais são as que você menos sente?
- Se você pudesse se livrar de qualquer uma dessas emoções ou substituí-las, qual você substituiria? Coloque uma estrela ao lado delas. O que você colocaria no lugar delas? Use o quadro de emoções, se você precisar.
- Que emoções você gostaria de manter? Por quê?

Considere bem como essas informações o ajudam a entender a criança que está diante de você. O que isso lhe diz sobre as emoções dessa criança? Como ela tende a expressar, lidar e administrar suas emoções? Ela tem dificuldade para expressá-las?

Você também pode fazer essa atividade com um objetivo mais específico, dizendo algo como "Diga-me que emoções você sente mais frequentemente quando sua família tem dificuldades" ou "Quais são as seis emoções que você sente mais frequentemente sobre [o divórcio dos seus pais]?" Você também pode revisitar essa atividade mais tarde, para ver quanto progresso foi feito.

12 Dr. Seuss, *My Many Colored Days* (New York: Random House, 1996).

O QUE VOCÊ ESTÁ SENTINDO?

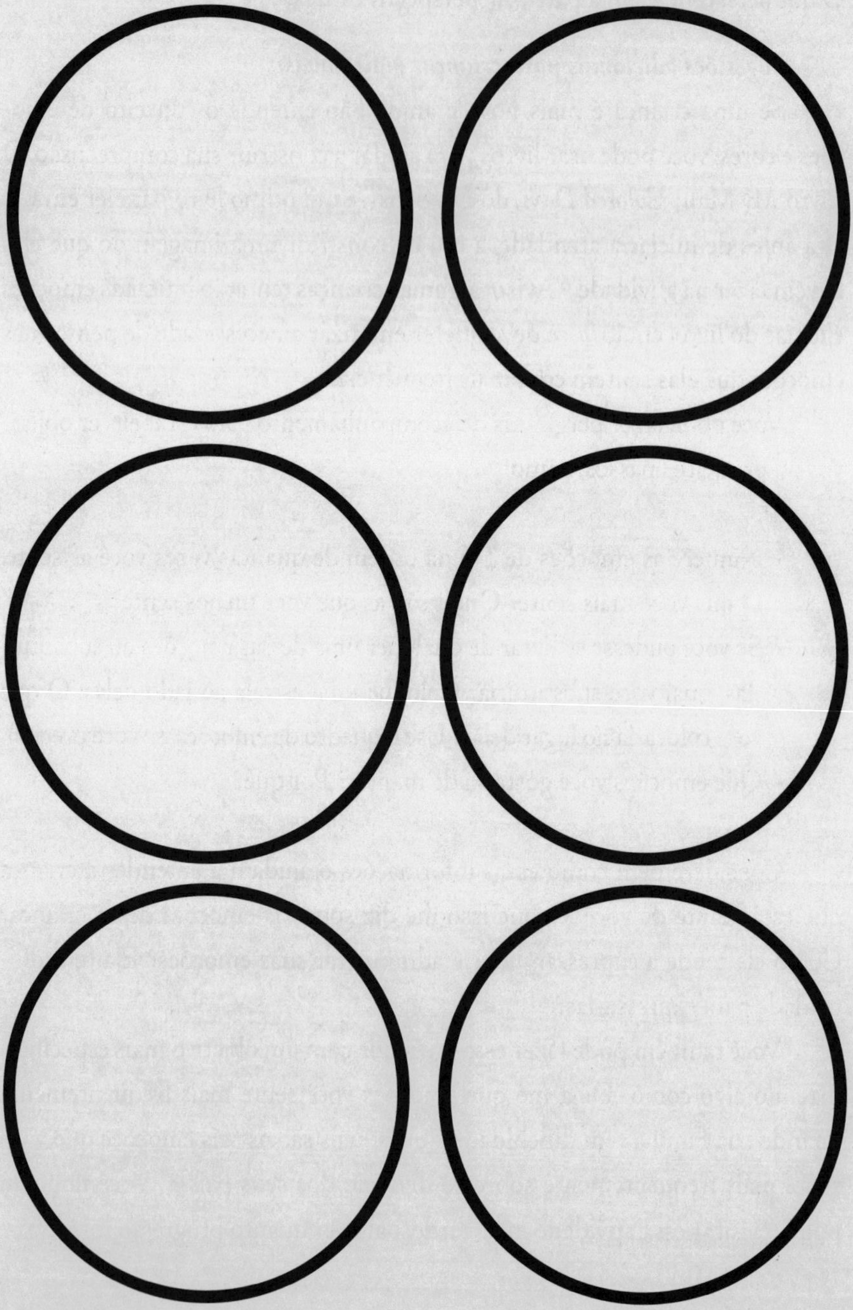

QUADRO DE EMOÇÕES

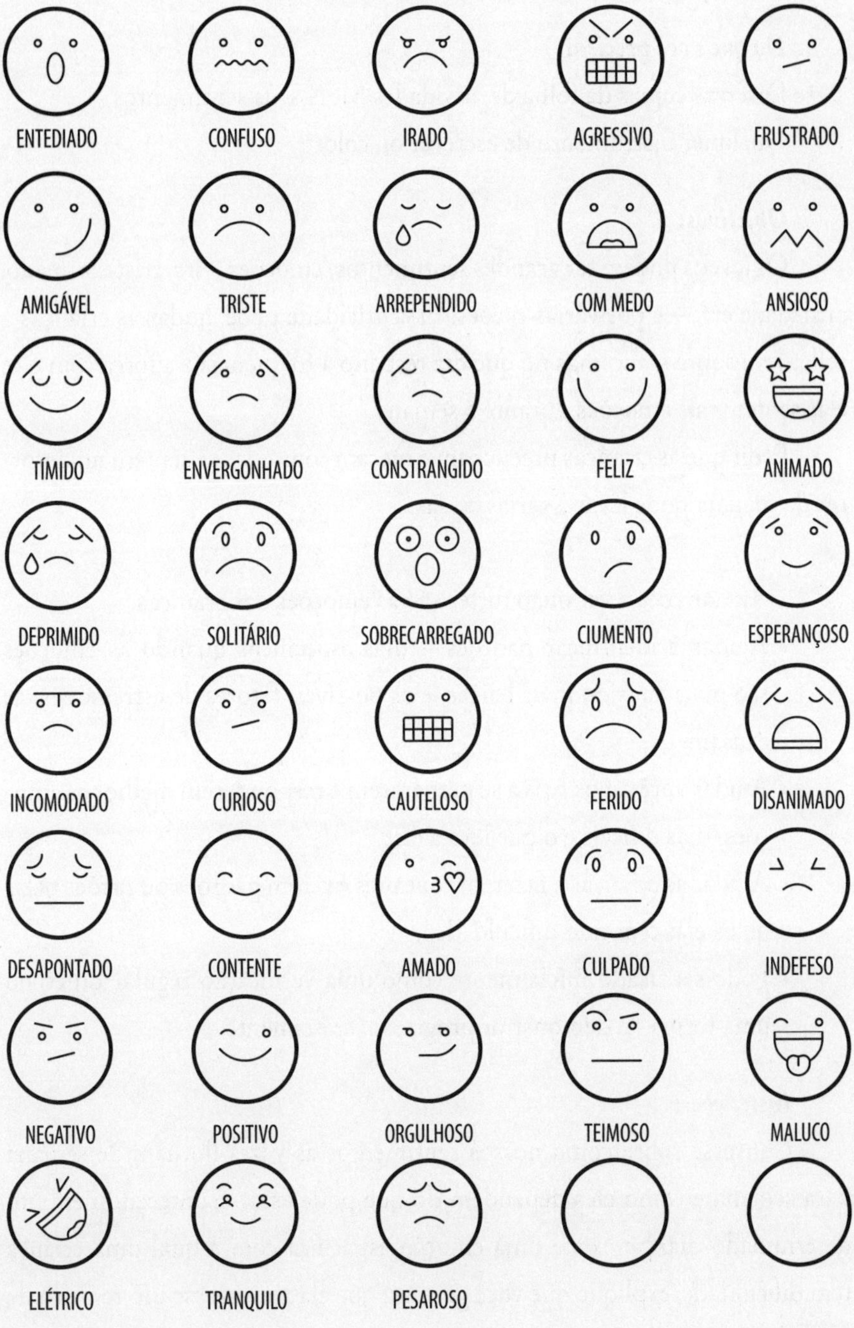
ENTEDIADO
CONFUSO
IRADO
AGRESSIVO
FRUSTRADO
AMIGÁVEL
TRISTE
ARREPENDIDO
COM MEDO
ANSIOSO
TÍMIDO
ENVERGONHADO
CONSTRANGIDO
FELIZ
ANIMADO
DEPRIMIDO
SOLITÁRIO
SOBRECARREGADO
CIUMENTO
ESPERANÇOSO
INCOMODADO
CURIOSO
CAUTELOSO
FERIDO
DISANIMADO
DESAPONTADO
CONTENTE
AMADO
CULPADO
INDEFESO
NEGATIVO
POSITIVO
ORGULHOSO
TEIMOSO
MALUCO
ELÉTRICO
TRANQUILO
PESAROSO

Meça seus sentimentos

Do que você precisa:

Diversas cópias da folha de atividades Meça seus sentimentos.

Qualquer instrumento de escrever ou colorir.

Objetivos:

Os jovens podem ter grandes sentimentos/emoções – ira, tristeza, medo, ansiedade etc. – e por várias razões. Essa atividade pode ajudar as crianças a refletirem sobre si mesmas no que diz respeito à frequência e a força com que elas sentem tais emoções durante a semana.

Pedir que as crianças preencham e meçam como elas se sentem no decorrer da semana pode levar a várias coisas:

- Ajudar você a ver quão fortes são as emoções das crianças.
- Ajudar a identificar padrões – dias específicos quando as emoções são mais altas ou mais baixas, e os possíveis fatores de estresse que as causam.
- Ajudar você ou os pais a se prepararem e responderem melhor às emoções/dias difíceis e o que leva a eles.
- Ajudar as crianças a fazerem conexões e verem padrões ou razões pelas quais elas têm tido dificuldade.
- Pode ser usado inicialmente como uma verificação regular ou como uma forma de demonstrar progresso/crescimento.

Instruções:

Converse sobre como nossos sentimentos às vezes flutuam de semana para semana e como eles dependem do que pode estar acontecendo em um determinado dia. Se existe uma emoção específica com a qual uma criança tem dificuldade, explique que você gostaria que ela mantivesse um registro de quão forte é essa emoção ou reação diariamente naquela semana ou nas duas seguintes. (Você provavelmente precisará fazer cópias da folha de atividades dos "Governantes").

Ao final de cada dia, a criança deve preencher ou colorir a folha de trabalho, indicando quão fortes/severas foram as lutas (ansiedade, frustração, tristeza etc.) naquele dia. Talvez os pais queiram acompanhar quão reativo, obediente ou obstinado é seu filho. A folha poderia ser usada para medir uma série de sentimentos ou reações com base nos objetivos do aconselhamento.

Peça a criança e aos pais para conversarem sobre o que tornou aquele dia melhor ou mais difícil e para que anotem comentários na lateral de suas folhas de atividade. Dessa forma, quando trouxeram a folha de atividades para você, eles terão lembretes do que aconteceu em cada dia.

Perguntas de acompanhamento:

Peça à família ou ao adolescente para trazerem suas folhas de atividade de volta e, em seguida, discuta por que eles a preencheram da maneira como o fizeram.

- Houve algo em particular que foi destacado?
- O que fez a emoção melhorar ou piorar?
- Houve temas relacionados aos dias ou aos horários em que as coisas se tornaram mais difíceis para eles?
- Como eles lidaram com os momentos que foram difíceis?

Coisas a observar:

Observe se há dias ou horários específicos da semana em que o jovem tende a se sair melhor ou pior. Procure padrões ou pistas sobre as coisas que o fazem reagir da maneira como ele reage. Fazer isso durante muitas semanas pode informar como e por que eles são emotivos ou reativos, e também lhes dá uma visão de quão bem estão indo ou não. Isso pode ser uma motivação útil para incentivar o trabalho proativo na fonte da luta.

MEÇA SEUS SENTIMENTOS DE ____________________

SEGUNDA TERÇA QUARTA QUINTA SEXTA SÁBADO DOMINGO

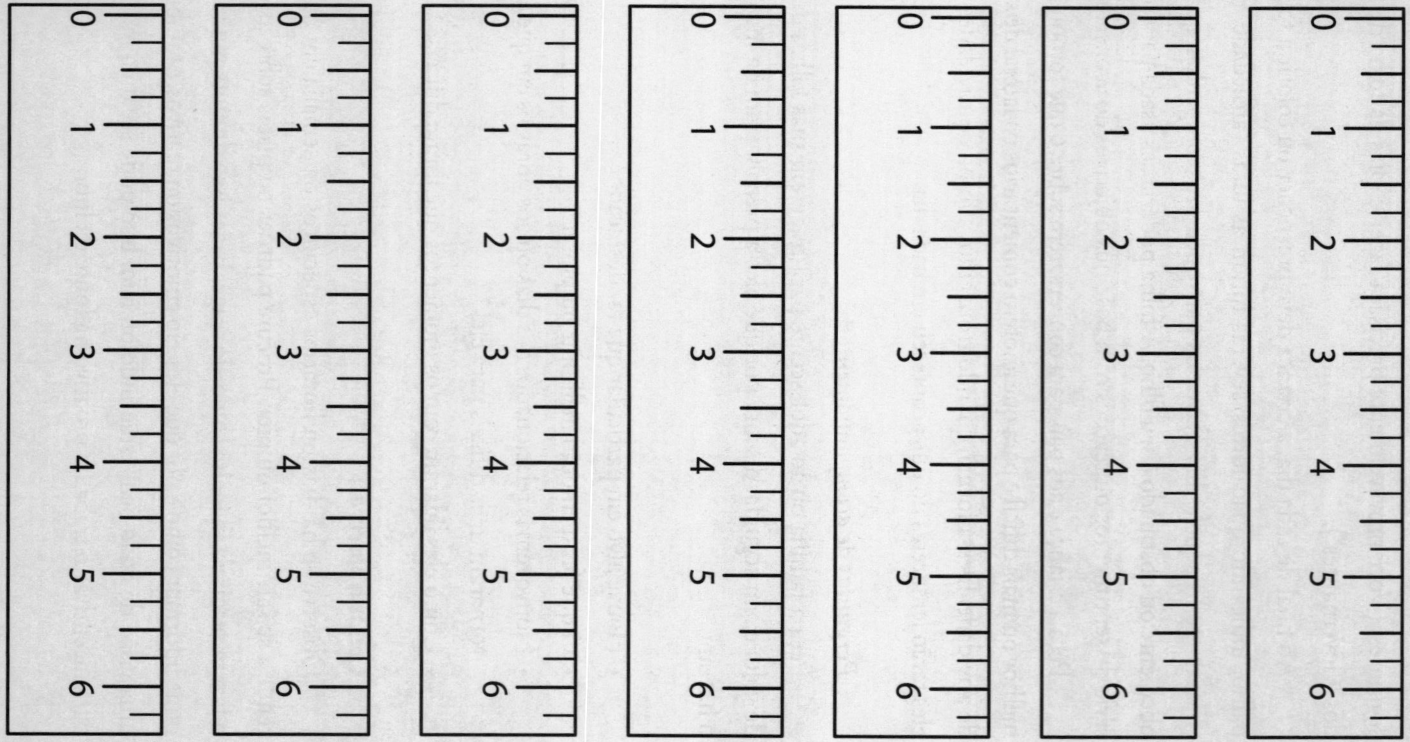

O que está irritando você?

Do que você precisa:

Contorno de pessoa (veja a página 149).

Adesivos de insetos.[13]

Instrumentos de escrita, incluindo papel, lápis, lápis de cor ou canetinhas.

Objetivos:

Use os adesivos de insetos para obter uma imagem de todas as coisas que "irritam" ou frustram as crianças que você está aconselhando. Dependendo de quão aberta seja a execução da atividade, uma criança pode interpretar esse exercício de muitas maneiras diferentes; no entanto, todas as interpretações são benéficas para ajudar você a compreendê-la melhor. Se desejar uma informação muito específica, você pode ser mais preciso sobre o que irá pedir a elas que representem. Por exemplo, você pode direcioná-las aos materiais e dizer: "Eu gostaria de saber todas as coisas que a irritam ou a deixam frustrada com a escola"; "Eu gostaria de saber todas as coisas que a irritam sobre seus irmãos e irmãs" ou "Eu gostaria de fazer um *brainstorming* de todas as coisas que a irritam sobre ter uma necessidade especial".

Não importa o tópico específico em questão, promover um *brainstorming* com as crianças sobre todos os detalhes nos quais elas são capazes de pensar é algo que as liberta da pressão de ter apenas uma resposta "certa". Isso lhes possibilita expressar uma variedade e uma complexidade de pensamentos e ideias.

Essa atividade pode ser eficaz com qualquer idade, embora os adolescentes mais velhos possam rejeitá-la a princípio. Entretanto, para um adolescente mais velho que luta para se comunicar ou que é muito cauteloso ou introvertido, essa seria uma ferramenta útil. Ela também poderia ser uma boa atividade para fazer em grupo, seja com uma família, um grupo pequeno ou um grupo de jovens.

---

13 N.T.: No original, o título dessa atividade é "What´s Bugging You", uma expressão que usa a palavra "bug" (inseto) para indicar situações em que há algo aborrecedor ou irritante. É por esse motivo que a atividade pede a utilização de adesivos de insetos.

Instruções:

Apresente o contorno da pessoa, e então explique às crianças que você quer que elas pensem em todas as coisas que as irritam. Entregue-lhes os adesivos e diga a elas que podem colocar um adesivo onde quiserem e depois devem lhe dizer algo que as incomoda. Você será o ajudante delas e escreverá o que dizem.

Após cada adesivo, sinta-se à vontade para fazer perguntas de acompanhamento ou permitir que elas contem histórias para ilustrar o ponto de vista delas. Isso lhe dá a oportunidade de ouvir como elas pensam e interpretam as situações, e ajuda a construir confiança. Depois de cada exemplo, pergunte: "O que mais?" ou "O que vem depois?". Pressuponha que elas têm mais para lhe contar até que digam que terminaram.

Quando elas disserem que terminaram, peça-lhes que examinem o projeto no qual trabalharam (junto com suas anotações) e pergunte se há algo que elas gostariam de acrescentar ou mudar, para ter certeza de que estão satisfeitas com o quadro.

Perguntas de acompanhamento:

- Peça à criança para circular as três principais coisas irritantes que mais a incomoda. Isso o ajudará a discernir quais fatores causam mais frustração e pode estabelecer um ponto de partida e objetivos para o tempo que vocês passarão juntos. Muitas vezes eu perguntarei: "Será que você e eu podemos trabalhar nessas coisas primeiro e falar sobre como podemos ajudar você?".
- Pergunte quais são os dois ou três fatores que menos a incomoda. Isso lhe mostrará quais detalhes são mais periféricos à situação da criança.
- Às vezes, se uma criança está lutando para identificar como se sente, você pode convidar um dos pais para a discussão e deixar que ele ou ela faça um *brainstorming* com a criança.

Coisas a observar:

Quando você dá às crianças a liberdade de colocar os adesivos onde elas quiserem, às vezes você notará que elas colocam adesivos em partes na imagem do corpo para representar a dificuldade que elas têm (por exemplo, um adesivo é colocado em uma perna porque ela é "ruim em corridas" ou um adesivo é colocado na cabeça porque "os colegas de classe a chamam de burra").

Muitas vezes haverá temas que emergem dessa atividade: lutas familiares, problemas de identidade, problemas de intimidação etc., portanto, observe como os detalhes pertinentes podem ser conectados e por quê.

Um frio na barriga

Do que você precisa:

Contorno de pessoa (veja a página 149).

Cartela de adesivo de borboletas.[14]

Canetas ou lápis de cor.

Objetivos:

Essa é uma atividade de *brainstorming* para trazer à tona o que deixa um jovem ansioso. Você quer ajudar crianças e adolescentes a compartilharem todas as coisas que lhes dão ansiedade, medo ou que os deixam apreensivos.

Esse exercício também pode ser feito em um pequeno grupo ou em um contexto familiar. Algumas vezes, é útil ouvir como os outros lutam e o que eles fazem quando estão ansiosos. Isso pode ajudar uma criança ou um adolescente a sentir que não está sozinho ou que os outros têm lutas semelhantes. Também pode ajudar a facilitar a discussão e o encorajamento.

Instruções:

Dê às crianças um contorno de pessoa e uma cartela de adesivos de borboleta. Explique que às vezes, quando nos sentimos ansiosos ou com medo, chamamos isso de "borboletas na barriga"*. Pergunte se elas já se sentiram assim. Explique que quer fazer um *brainstorming* de algumas das coisas que podem fazê-las sentirem-se ansiosas. Elas podem colar uma borboleta onde quiserem no papel e depois dizer algo que as faça sentirem-se ansiosas, preocupadas ou temerosas. Você será o ajudante delas e escreverá o que elas têm a dizer.

Use as palavras e descrições das crianças o máximo possível ao fazer anotações. Encoraje o máximo de conversas com as quais elas se sintam à vontade. Faça perguntas como: "Você pode me dar um exemplo?" ou "O que a faz se

14 N.T.: No original, a expressão é "Butterflies in my belly" (lit. borboletas em meu estômago). Quando alguém diz que tem borboletas no estômago, ela se refere a ter uma sensação de nervoso em seu estômago. Por essa razão, a atividade pede adesivos de borboletas. Em português, quando queremos expressar esse tipo de sensação, costumamos dizer que sentimos um frio na barriga. Por esse motivo, o título da atividade foi modificado.

sentir assim?". Isso o ajuda a entender melhor as experiências e percepções delas. Após cada adesivo, pergunte "O que mais?" ou "O que vem depois?". Presuma sempre que elas têm mais para compartilhar até que lhe digam que terminaram. Quando elas tiverem terminado de compartilhar, pergunte se há algo que elas gostariam de mudar ou acrescentar à imagem.

Perguntas de acompanhamento:

- Quais são as três principais coisas com as quais você mais se preocupa? Circule-as.
- Quais são as duas coisas com as quais você menos se preocupa? Sublinhe-as.
- Há alguma coisa sobre a qual você estaria disposta a conversar primeiro e na qual podemos trabalhar juntos? Coloque uma estrela ao lado disso.
- Há borboletas das quais você gostaria de se livrar? Há borboletas que você não gostaria de perder? Por quê?

Coisas a observar:

- Onde as crianças colocaram os adesivos? Você vê algum padrão?
- Sobre o quê elas ficam ansiosas? Você vê algum tema?
- Se os pais estiverem presentes ou puderem olhar a atividade, haveria alguma coisa que eles acrescentariam? Há algo que os surpreenda sobre como seus filhos completaram a atividade?

ENTENDENDO SEUS CORAÇÕES

O que está acontecendo em seu coração?

Este é um recurso a ser utilizado para ajudar a ilustrar aos jovens o que está acontecendo dentro deles. As crianças frequentemente se conectam com as ilustrações; quando não conseguem especificar o que está acontecendo, muitas vezes podem apontar para uma imagem que capta o que sentem dentro de si.

Para uma criança que tem dificuldade com a capacidade de articular o que está acontecendo internamente, isso pode ajudar a estimulá-la. Você pode percorrer cada imagem e discutir o que pode fazer com que a pessoa se sinta "tranquila" ou "orgulhosa" ou "insegura". Isso pode fomentar uma abertura sobre os momentos em que elas se sentiram da mesma maneira.

Essa atividade pode ser plastificada, ampliada para o tamanho de um cartaz, ou permanecer em um livro para referência. Se você trabalha com crianças e adolescentes regularmente, essa atividade é um cartaz útil para funcionar como um iniciador de conversa.

O QUE ESTÁ ACONTECENDO EM SEU CORAÇÃO?

Quebra-cabeça de coração

Do que você precisa:

Contorno de coração (ver página 150) ou o Quebra-cabeça de coração (página 164).

Instrumentos de escrita coloridos, incluindo giz de cera, lápis de cor, canetinhas etc.

Objetivos:

Essa atividade pode ser usada com pais, crianças ou adolescentes para ajudá-los a obterem uma melhor imagem de como e o que a criança sente. Muitas vezes, pode ser útil olhar para todas as coisas que uma criança pensa ou sente e que dão a ela a sensação de ser um quebra-cabeças. É possível que haja uma variedade de peças, e estamos nos esforçando para entender como elas se encaixam. Essa atividade pode ser benéfica para ajudar os jovens a entenderem melhor a si mesmos.

Instruções:

Sente-se com a criança ou o adolescente e faça um *brainstorming* sobre como Deus criou os sentimentos. Comece com as coisas que ele sabe que sente frequentemente e escreva uma em cada peça do quebra-cabeça. Algumas crianças podem preencher todo o coração, enquanto outras podem ter dificuldades para descobrir o que sentem e precisam ser estimuladas a pensar sobre isso. Algumas vezes essas coisas ficam claras com o tempo; outras vezes precisamos de ajuda/sabedoria para entender o que se encaixa e onde.

Perguntas de acompanhamento:

- Que emoções você acha que sente com mais frequência?
- Que sentimentos você acha que sente com mais força?
- Quais são todas as coisas que você acha que estão acontecendo em seu coração?
- Quais são seus sentimentos mais fortes quando você está na escola?

- Quais são sentimentos mais fortes quando você está em casa?
- De que emoções você mais gosta? Coloque uma estrela nelas.
- De que emoções você menos gosta? Ou que emoções você gostaria de mudar? Coloque uma caixa ao redor delas.
- Que emoções você sente durante o maior período de tempo? Por que você acha que isso acontece?

Se uma criança está passando por uma perda, um divórcio ou algum outro tipo de momento difícil, você poderia fazer perguntas mais específicas como: "Quais emoções você sentiu quando [perdeu seu pai no acidente de carro]?" ou "Que sentimentos você teve quando [foi vítima de bullying na internet]?".

Coisas a observar:

Aquele jovem tem dificuldades para se expressar? Isso ocorre porque sua situação *é muito dolorosa*, porque ele está desinteressado ou porque está confuso sobre o que fazer? Procure áreas onde você *vê* crescimento e maturidade, bem como as que apresentam quaisquer déficits ou preocupações.

Essa atividade poderia ser compartilhada com um dos pais para ajudar a fornecer informações ou percepções, se for útil.

QUEBRA-CABEÇA DE CORAÇÃO

Estrelas e pontos

Do que você precisa:

Contorno de pessoa (veja página 149); uma figura com tons de pele também seria útil para essa atividade.

Livro *Você é Especial*, de Max Lucado.[15]

Adesivos de estrela.

Adesivo de pontos.

Lápis ou lápis de cor.

Objetivos:

No livro *Você é Especial*, vivem pequenas pessoas de madeira chamadas Xulingos. Todos os dias eles colam estrelas douradas ou pontos cinzas uns sobre os outros, significando aprovação ou desaprovação das outras pessoas ao seu redor. Aos Xulingos bonitos, talentosos e populares sempre são dadas estrelas. Outros Xulingos, no entanto – aqueles que não conseguem fazer muita coisa ou que estão com a tinta lascada – recebem desaprovação e pontos cinzentos feios. Nessa história, Eli, o carpinteiro/criador dos Xulingos, ajuda uma de suas criaturas de madeira a entender o quão especial ele é – não importa o que os outros Xulingos possam pensar. Essa história ilustra uma lição fundamental para os leitores de que, independentemente do valor que os outros lhes atribuem, Deus o valoriza, pois ele é seu Projetista e Criador.

A atividade é facilmente acessível para crianças de 5-14 anos. No entanto, adultos têm expressado quão útil tem sido essa história e essa imaginário para eles.

Instruções:

Leia o livro para o jovem. Sinta-se livre para parar e conversar sobre a história, os personagens ou sobre uma declaração em particular que os personagens fazem. Pergunte à criança se alguma vez ela já se sentiu assim como as pessoas de madeira e por quê.

---

15 Max Lucado, *Você é especial* (Campinas, SP: United Press, 2014).

Depois de ler o livro, direcione a criança para os materiais. Dê à criança os adesivos de estrelas e pergunte: "Quais são as estrelas que você acha que as pessoas tentam lhe dar?. Faça um *brainstorming* sobre todas as coisas pelas quais as pessoas a têm elogiado. Ofereça-se para o papel de "ajudante" da criança e escreva declarações enquanto ela cola os adesivos na figura de pessoa. Depois pergunte: "Quais são os pontos que você acha que as pessoas tentam lhe dar?". Peça à criança que coloque os adesivos e compartilhe sobre as áreas nas quais ela se sente criticada ou desprezada. Escreva o que a criança diz.

Perguntas de acompanhamento:

- O que significaria dizer "não deixar os adesivos grudarem?". Será que significa que não devemos ver nossos pontos fortes ou fracos, ou significa que não devemos deixar que essas coisas determinem nosso valor?
- De quais adesivos você gostaria de começar a se livrar? (Você pode então ajudar a criança a entender o que significam as passagens acima e como soltar as estrelas e os pontos conforme ela confiar no amor de Deus).
- Que adesivos você se sente tentado a guardar? (Significado: A criança quer encontrar valor em uma determinada estrela ou ponto).

Coisas a observar:

As crianças tendem a responder às perguntas de duas maneiras – ou elas expressam as coisas que sentem que os outros gostam ou não gostam nelas, ou expressam as coisas que gostam ou não gostam sobre si mesmas. Independentemente da forma como elas respondem, é útil descobrir como elas se enxergam. Considere:

- Há mais estrelas ou mais pontos na figura? O que isso lhe diz? A criança tem uma visão mais negativa ou positiva de si mesma?
- Você também pode rever isso com um dos pais e ver que detalhes os surpreendem, que detalhes eles podem confirmar ou que fatores eles pensaram que seriam incluídos na discussão, mas não foram.

Essa também é uma ótima atividade para ser usada com o intuito de responder ao mundo da criança. O objetivo do livro é que "os adesivos só colam se você os deixar". Quanto mais confiamos no amor de Deus por nós e encontramos valor nele, menos nos importamos com o que os outros dizem – *seja algo bom ou algo ruim*.

Queremos ajudar as crianças a perceberem que o valor delas não está em seus talentos (ou falta deles), em sua aparência ou no que os outros ao seu redor pensam sobre elas. Elas são única e maravilhosamente criadas do jeito que Deus queria que elas fossem.

Aponte às crianças o que Deus tem a dizer sobre de onde vem a identidade delas. Abrir a Bíblia ou ler juntos é algo que ajuda. Eu gosto de imprimir uma passagem do computador para que possamos ler juntos, destacar certas palavras e desenhar conexões. Aqui estão várias passagens das Escrituras que falam sobre isso:

- Jeremias 1.5: "Antes que eu te formasse no ventre materno, eu te conheci, e, antes que saísses da madre, te consagrei".
- Salmo 139.14: "Graças te dou, visto que por modo assombrosamente maravilhoso me formaste; as tuas obras são admiráveis, e a minha alma o sabe muito bem".
- 1 Pedro 2.9: "Vós, porém, sois raça eleita, sacerdócio real, nação santa, povo de propriedade exclusiva de Deus, a fim de proclamardes as virtudes daquele que vos chamou das trevas para a sua maravilhosa luz".
- 1 João 3.1-2: "Vede que grande amor nos tem concedido o Pai, a ponto de sermos chamados filhos de Deus; e, de fato, somos filhos de Deus. Por essa razão, o mundo não nos conhece, porquanto não o conheceu a ele mesmo. Amados, agora, somos filhos de Deus, e ainda não se manifestou o que haveremos de ser. Sabemos que, quando ele se manifestar, seremos semelhantes a ele, porque haveremos de vê-lo como ele é".

ENTENDENDO SEUS RELACIONAMENTOS

Avaliação relacional

Do que você precisa:

Folha de atividade Avaliação relacional.

Diversas canetas coloridas ou lápis de cor.

Adesivos (opcional, mas especialmente útil com crianças mais novas).

Objetivos:

- Construir confiança e afinidade.
- Reunir informações sobre a percepção que a criança tem dos relacionamentos pessoais.
- Discernir onde há relacionamentos positivos, de apoio, e onde há relacionamentos negativos.
- Construir um relacionamento de trabalho com a criança.

Instruções:

Enquanto você trabalha nessa atividade, esteja atento para dar à criança o tempo adequado para completar cada passo. Não faça nenhuma pergunta detalhada até que a criança esteja completamente pronta para escrever.

Para começar, dê à criança a folha de avaliação relacional e explique a atividade. Diga algo como as frases a seguir à medida que você trabalha em cada uma das caixas:

Vamos falar hoje sobre as pessoas que estão em sua vida. Quero que você escolha uma caneta. De que cor você gostaria?

Na caixa central, escreva seu nome. Como as pessoas chamam você?

De quem você se sente mais próxima? Na próxima caixa, quero que você coloque o nome da pessoa (ou pessoas) de quem você se sente mais próxima.

Agora, na próxima caixa, quero que você coloque as pessoas de que você gosta e com quem se alegra de estar junto, porém, que não sejam tão próximas assim. Quais são os nomes delas?

Agora escreva os nomes das pessoas que fazem parte de sua vida, mas das quais você não se sente próxima.

Na última caixa, liste as pessoas que fazem parte de sua vida, mas das quais você não gosta, ou com quem talvez tenha dificuldade de se entender – talvez até mesmo alguém que faz coisas que te machucam ou até assustam.

Quando terminar, peça para a criança pegar uma caneta/lápis de outra cor. Pergunte:

Dentre todas as pessoas que você escreveu, a quem você vai quando precisa de ajuda? Circule os nomes dessas pessoas.

Com quem você passa mais tempo? Sublinhe os nomes daquelas pessoas.

Pense em todas as pessoas que você escreveu. Coloque uma estrela ao lado das pessoas de quem você mais gosta.

Quais são as pessoas com quem você tem dificuldade para se dar bem? Ponha uma caixa ao redor dessas pessoas.

Se a criança não tiver mencionado Deus, pergunte: "Onde você colocaria Deus?".

Para crianças mais novas, ou para aquelas com dificuldades de leitura ou escrita, você pode se oferecer para escrever para elas.

Você também pode usar adesivos e fazer a criança (mesmo adolescente) escolher um para representar cada pessoa identificada, inclusive ela mesma. É melhor oferecer uma grande variedade de adesivos (animais, formas, insetos, pessoas, objetos etc.). Isso dará informações adicionais sobre como a criança vê cada pessoa. Quando discutir a folha de trabalho, não deixe de perguntar à criança qual adesivo foi escolhido e por quê. Pergunte como o adesivo representa a pessoa. Permita sempre que a criança lhe diga o que é o adesivo (mesmo que pareça óbvio). As crianças frequentemente terão motivos ou nomes específicos para suas escolhas que podem ser reveladores.

Perguntas de acompanhamento:

Quando a criança tiver terminado, explore os detalhes. Comece com a caixa mais próxima ao centro e pergunte de quem é o nome na caixa. Fique à vontade para fazer perguntas sobre cada pessoa (tipo de relacionamento, o que a torna próxima etc.). Em seguida, passe para cada uma das outras caixas. Pergunte quem está sublinhado, encaixotado, quem recebeu uma estrela ou foi circulado. Lenta e metodicamente, pergunte por que a criança fez cada uma das escolhas mostradas.

Você também pode acrescentar ou subtrair perguntas, dependendo do que sabe sobre a situação da criança. Usando marcadores de cores diferentes, peça à criança para responder a perguntas como, por exemplo:

- Quem são as pessoas que lhe dão a sensação de segurança?
- Quem são as pessoas que lhe dão a sensação de insegurança?
- Quem são as pessoas que fazem você se sentir triste, feliz, frustrada, irritada etc.?
- Com quem você gostaria de passar mais tempo?
- Há alguém que você gostaria que *não* estivesse na figura?

Coisas a observar:

Essa é a sua oportunidade de aprender mais sobre o mundo da criança. Em tudo isso, você está procurando entender a qualidade dos relacionamentos da criança: Bom? Ruim? Indiferente? Construtivo? Destrutivo? Isolado?

- Quanto ou quão pouco apoio está disponível na vida dessa criança? Há muitos nomes, apenas alguns poucos ou nenhum?
- Com quem a criança conversa ou a quem ela pede ajuda?
- Os membros da família foram citados? Como eles são percebidos?
- A criança tem muitos amigos?
- Existem muitos relacionamentos difíceis? Um relacionamento particularmente difícil? O que torna esses relacionamentos difíceis?

- A criança se sente apreciada e amada por alguém?
- A criança passa uma grande quantidade de tempo com as pessoas identificadas como fáceis de se dar bem ou muito tempo com pessoas de quem a criança não gosta?
- Deus está na esfera dos relacionamentos? Como a criança vê Deus? Jesus? Qual é a qualidade do relacionamento?

AVALIAÇÃO RELACIONAL[16]

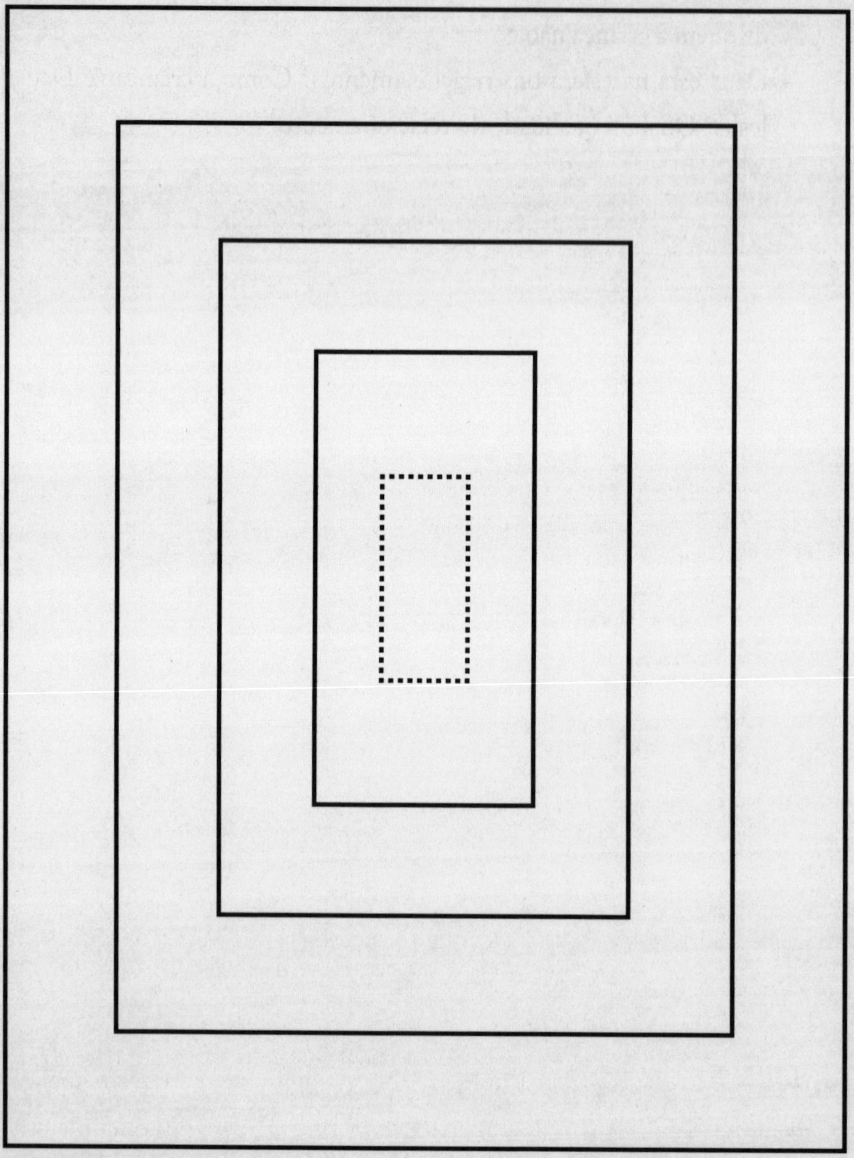

Etiqueta de cuidado

Do que você precisa:

Folha de atividade Etiqueta de cuidado, em branco.

Caneta ou lápis.

Objetivos:

Muitas crianças e adolescentes desejam ser mais bem compreendidos por suas famílias, por seus pares ou pelo mundo ao seu redor. Essa atividade ajuda a trazer à tona em quais áreas eles podem se sentir incompreendidos, assim como a maneira como gostariam de ser tratados. Essa atividade funciona bem a partir dos seis anos de idade, mas é especialmente útil com crianças mais velhas e adolescentes. Ela também pode ser valiosa em um ambiente de grupo, para facilitar a conversa.

Instruções:

Dê uma folha de atividades Etiqueta de cuidado em branco para o jovem. Explique que muitos itens, particularmente nossas roupas, vêm com etiquetas que nos instruem sobre como cuidar corretamente do item. Elas dirão coisas como "Lavar à mão", "Manusear com cuidado" ou "Não passar a ferro".

Diga: "Não seria bom se viéssemos com etiquetas de cuidado que nos ajudassem a saber como tratar os outros ou que ajudassem os outros a saber como nos tratar? Se você viesse com uma etiqueta de cuidado, o que você gostaria que a sua dissesse? Escreva o que você gostaria que os outros soubessem sobre você".

Encoraje o jovem a escrever o máximo possível. Você também pode ser mais específico em suas instruções se souber em que áreas ou relacionamentos o jovem enfrenta lutas. Você poderia dizer: "Se seus pais pudessem ler sua etiqueta de cuidado, o que você gostaria que ela dissesse?" ou "Se você pudesse criar uma etiqueta de cuidado para que seus amigos pudessem ler, o que você gostaria que ela dissesse?".

Perguntas de acompanhamento:

- Discuta com o jovem o que motivou as respostas em sua etiqueta de cuidado.
- Alguém cuida bem de você? De que maneira?
- Quem eles desejam que cuide melhor deles? Por quê?
- A forma como você gostaria de ser cuidado por alguém é saudável ou não saudável? Razoável ou insensato?
- *É assim que o Senhor cuida de você? Por quê ou por que não?*

Coisas a observar:

Leve a conversa adiante, explicando que Deus nos deu um manual sobre como cuidar dos outros e como devemos ser cuidados. Comece a discutir as formas como Cristo foi modelo para nós de como devemos cuidar uns dos outros. O que isso significa para os nossos relacionamentos agora?

Abaixo está uma lista de passagens que você pode introduzir em sua discussão. Essas passagens ajudam a estabelecer um padrão de cuidados mais adequado para nós mesmos. Você pode ler, escolher passagens que falam diretamente de um assunto que veio da etiqueta de cuidado do jovem ou caminhar pelo que deve ser uma visão saudável e piedosa de cuidado.

- Mateus 7.12 (NVI): "Assim, em tudo, façam aos outros o que vocês querem que eles lhes façam; pois esta é a Lei e os Profetas".
- Mateus 22.39: "O segundo, semelhante a este, é: Amarás o teu próximo como a ti mesmo".
- Mateus 25.40: "O Rei, respondendo, lhes dirá: Em verdade vos afirmo que, sempre que o fizestes a um destes meus pequeninos irmãos, a mim o fizestes".
- Lucas 6.27: "Digo-vos, porém, a vós outros que me ouvis: amai os vossos inimigos, fazei o bem aos que vos odeiam".
- João 13.34-35 (NVI): "Um novo mandamento lhes dou: Amem-se uns aos outros. Como eu os amei, vocês devem amar-se uns aos outros.

Com isso todos saberão que vocês são meus discípulos, se vocês se amarem uns aos outros".

- Romanos 13.8: "A ninguém fiqueis devendo coisa alguma, exceto o amor com que vos ameis uns aos outros; pois quem ama o próximo tem cumprido a lei".
- 1 Coríntios 13.4-7 (NVI): "O amor é paciente, o amor é bondoso. Não inveja, não se vangloria, não se orgulha. Não maltrata, não procura seus interesses, não se ira facilmente, não guarda rancor. O amor não se alegra com a injustiça, mas se alegra com a verdade. Tudo sofre, tudo crê, tudo espera, tudo suporta".
- Efésios 5.21: "Sujeitando-vos uns aos outros no temor de Cristo".
- Filipenses 2.3 (NVI): "Nada façam por ambição egoísta ou por vaidade, mas humildemente considerem os outros superiores a si mesmos".
- Colossenses 3.13 (NVI): "Suportem-se uns aos outros e perdoem as queixas que tiverem uns contra os outros. Perdoem como o Senhor lhes perdoou".
- 1 Tessalonicenses 5.12-13 (NVI): "Agora lhes pedimos, irmãos, que tenham consideração para com os que se esforçam no trabalho entre vocês, que os lideram no Senhor e os aconselham. Tenham-nos na mais alta estima, com amor, por causa do trabalho deles. Vivam em paz uns com os outros".
- 1 Timóteo 5.1-2: "Não repreendas ao homem idoso; antes, exorta-o como a pai; aos moços, como a irmãos; às mulheres idosas, como a mães; às moças, como a irmãs, com toda a pureza".

ETIQUETA DE CUIDADO

Coloque-se no meu lugar

Do que você precisa:

Folha de contorno de Sapatos (opcional).

Canetas, lápis, lápis de cor, canetinhas ou giz de cera.

Objetivos:

Essa é uma boa atividade para ajudar as crianças a sentirem que você entende o que é colocar-se no lugar delas. Ela pode ser particularmente útil para aqueles que se sentem diferentes de seus pares, que foram intimidados ou que lutam com uma necessidade especial.

Instruções:

Peça às crianças que tracem, mais ou menos, o contorno de seus pés em um pedaço de papel ou use a figura do contorno a seguir. O objetivo é fazê-los falar sobre como é estar no lugar delas, e como elas lidam com suas lutas.

Façam um *brainstorming* pensando em todas as coisas que elas sentem que contribuem para serem quem elas são, o que elas desejam que os outros entendam sobre elas, ou como sentem que os outros não as compreendem. Peça que lhe digam como é "colocar-se no lugar delas"[17] e deixe-as anotar todas as coisas que forem surgindo.

Perguntas de acompanhamento:

Peça-lhes que compartilhem o que escreveram.

- De que forma você se sente diferente dos outros?
- De que forma se sente da mesma maneira que os outros?
- Quem você acha que o entende bem?
- Quem você acha que não o compreende? O que poderia ajudar essas pessoas a conhecê-lo e entendê-lo melhor?

17 N.T.: No original, a expressão é "walk in their shoes" (lit. andar nos seus sapatos). A ideia transmitida por essa expressão é fazer alguém andar nos sapatos do outro e percorrer a mesma estrada para sentir o que aquela pessoa sentiu. Por isso essa atividade utiliza o contorno dos sapatos. Em português, essa ideia normalmente é expressa com a frase "colocar-se no lugar de alguém". Por esse motivo o título da atividade foi modificado para fins de contextualização.

Sugestões Adicionais:

Essa atividade também pode ser usada com irmãos e com toda a família. Peça a cada um que trace seus pés, coloque seu nome no topo do papel e depois troque uns com os outros. Cada pessoa escreve qual deve ser a sensação de ser a outra pessoa ou lê em voz alta o que cada membro da família escreveu em seu próprio sapato.

Encoraje cada pessoa a compartilhar sobre si mesma e sobre como é estar em seu mundo.

COLOQUE-SE NO MEU LUGAR

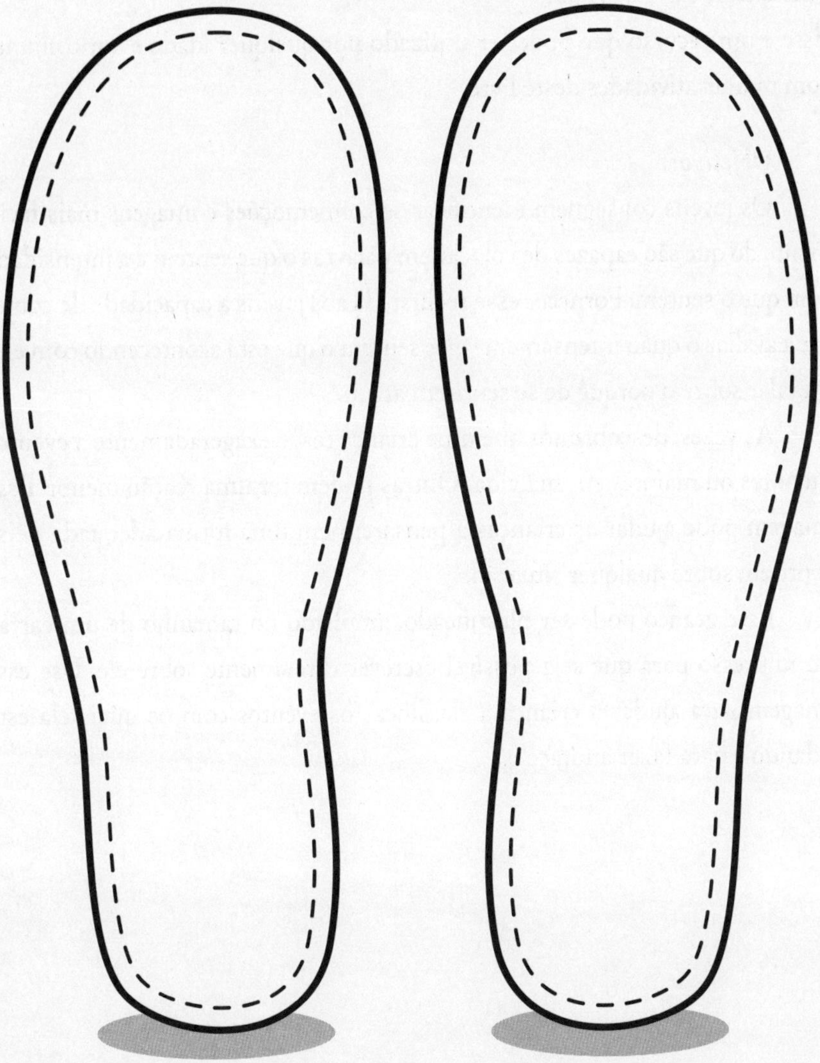

ENTENDENDO SEUS DESAFIOS

Quão grande é a minha luta?

Esse é um recurso que pode ser utilizado por qualquer idade e em conjunto com muitas atividades deste livro.

Objetivo:

Os jovens conseguem identificar-se com emoções e imagens mais facilmente do que são capazes de colocar em palavras o que sentem e a intensidade com que o sentem. Fornecer esse recurso dá aos jovens a capacidade de começar a avaliar o quão intensamente eles sentem o que está acontecendo com eles e a falar sobre o porquê de se sentirem assim.

Às vezes, descobrimos que uma criança reage exageradamente a eventos menores ou maiores em sua vida. Outras podem ter uma reação menor. Essa imagem pode ajudar as crianças a pensarem em uma forma adequada de se sentirem sobre qualquer situação.

Esse gráfico pode ser plastificado, ampliado no tamanho de um cartaz ou impresso para que seja possível escrever diretamente sobre ele. Use essa imagem para ajudar a criança a classificar os eventos com os quais ela está lidando e para fazer anotações.

QUAL O TAMANHO DA MINHA DIFICULDADE?

5. DESASTRE

Grande perigo, medo, dano grave, sente-se petrificado, histérico, furioso

4. GRANDE PROBLEMA

Conflito, briga, perda, dor, sofrer bullying, ficar chateado, amedrontado, ansioso, irado

3. DIFICULDADE

Pequeno acidente, sentir-se doente, ser ridicularizado, desrespeitado, sentir-se ferido, exausto

2. INCÔMODO

Perder um item, estar confuso na escola, indeciso, confuso nas instruções, infeliz, decepcionado, irritado, constrangido

1. IMPREVISTO/PEQUENO OBSTÁCULO

Não venceu um jogo, estar atrasado, entediado, ser escolhido por último, ter mais lição de casa, estar bem, calmo, confiante, tranquilo

O que deixa você irritado?

Do que você precisa:

Folha de atividades O que deixa você irritado?

Caneta ou lápis.

Objetivos:

Ajudar os jovens a identificarem as coisas que criam fortes reações neles e por quê. Queremos explorar as reações e emoções que são problemáticas e considerar como abordar essas lutas. Essa atividade funciona com crianças de sete anos ou mais.

Instruções:

Sente-se com o jovem e trabalhem juntos na atividade. Comece pedindo-lhe que faça um círculo em torno de todas as coisas da lista que o deixam zangado, frustrado, chateado etc. Deixe-o circular tantos quantos quiser. Pergunte se há outros itens não listados que ele gostaria que você acrescentasse. Escreva-os também.

Percorra cada pergunta que vem a seguir e incentive-o a pensar sobre o que está acontecendo em seu interior. O que motiva a frustração ou a reação dele?

Perguntas de acompanhamento:

Depois que a criança tiver circulado todos os itens que se aplicam a ela, pergunte:

- Quais são os itens com os quais você tem mais dificuldade? Coloque uma estrela ao lado deles.
- Quais são aqueles com os quais você tem menos dificuldade? Sublinhe-os.
- Você consegue citar dois ou três que sejam os mais difíceis para você? Quais são eles?

Coisas a observar:

Procure temas importantes e veja o que vem à tona.

- Em que áreas ela tem mais dificuldade?
- Ela *já foi* provocada por membros da família de maneiras inúteis/não saudáveis?
- Ela *é* colocada em situações que trazem à tona o pior dela e/ou que exigem que o mundo ao seu redor se curve à vontade dela?
- Ela est*á* aberta à mudança? Ela se sente esperançosa ou desanimada?
- Para onde ela vai em busca de ajuda? Ela *é* humilde? Aceita ser ensinada?

O QUE DEIXA VOCÊ IRRITADO?

- Não conseguir as coisas do meu jeito
- Quando meus irmãos me provocam
- Pessoas me dizendo o que fazer
- Quando penso em algo que é injusto
- Meus erros
- Ser rejeitado
- Perder um jogo
- Ir mal na escola
- Quando riem de mim
- Quando me apressam
- Quando fico constrangido
- Quando sou malcompreendido
- Mudança de planos
- Ser julgado
- Quando há conversa demais
- Quando há instruções demais
- Ser interrompido
- Más notícias
- Ser ferido
- Trabalho/tarefas domésticas
- Pessoas maldosas
- Quando ficam me encarando
- Quando me ignoram
- Os erros dos outros
- Ter que trabalhar com outras pessoas
- Ficar em pé diante de todos os colegas de classe
- Quando meus sentimentos são feridos
- Meter-me em problemas
- Quando chamam minha atenção
- Quando me dizem "não"
- Levar bronca
- Ser tocado
- Barulho demais
- Ser provocado
- Quando estou com fome ou cansado
- Estar atrasado
- Tarefas e provas
- Trabalho demais

Quando fico chateado, eu:

Quando faço isso, o que os outros ao meu redor dizem ou fazem?

Minha resposta ajuda ou machuca os outros? Por quê?

Minha resposta me ajuda ou me machuca? Por quê?

O que você quer mudar ou não quer mudar?

Façam um *brainstorming* juntos: O que Deus tem a dizer?

Façam um *brainstorming* juntos: O que podemos fazer para trabalhar nisso?

O que me deixa ansioso?

Do que você precisa:

Folha de Atividade O que me deixa ansioso?

Caneta ou lápis.

Objetivos:

Essa atividade é mais frequentemente usada com crianças ou adolescentes que estão identificando a ansiedade como algo com o qual eles têm dificuldade de lidar. A atividade nos ajuda a identificar o que os deixa ansiosos, como eles tendem a processar as razões pelas quais estão ansiosos, e então o que eles fazem com essas informações (como lidam com isso).

Instruções:

Explique que todos experimentam ansiedade na vida. Seja o catalisador imaginário ou real, grande ou pequeno, todos nós temos dificuldade com a ansiedade de alguma forma. A folha de atividade inclui uma lista de coisas comuns que fazem as pessoas se sentirem nervosas ou ansiosas.

Peça às crianças que circulem os itens que as fazem se sentir ansiosas. Pergunte se há alguma coisa que não esteja na lista e que elas gostariam de acrescentar. Se for o caso, escreva esses itens para elas.

Percorra cada uma das perguntas presentes na folha de atividade. Encoraje-as a pensarem em cada pergunta e em como elas podem começar a abordar seus medos e suas ansiedades.

Perguntas de acompanhamento:

- Existem ansiedades das quais você não quer abrir mão?
- Há tentações ou áreas nas quais você cede a certas ansiedades? Como é isso?
- Outros que você conhece têm medos/ansiedades semelhantes? Quem?

Coisas a observar:

Como em muitas dessas atividades, você está procurando padrões e temas. O que chama sua atenção? Como os pais respondem à ansiedade daquela criança/adolescente? A resposta deles é útil ou não ajuda em nada? Em que áreas eles enxergam Cristo ou a necessidade que têm dele? Quão receptivos eles são em relação à mudança?

O QUE ME DEIXA ANSIOSO?

Todos experimentam ansiedade na vida. Quer o catalisador seja imaginário ou real, grande ou pequeno, todos nós lutamos com a ansiedade de alguma forma. Abaixo está uma lista de coisas comuns que fazem as pessoas se sentirem nervosas ou ansiosas. Circule as que se aplicam a você.

Barulho alto	Falar com pessoas	Fracasso	Ira	Dano físico
Conflito	Multidões	Altura	Insetos	Mau tempo
Ficar sozinho	Rejeição	O futuro	O passado	Animais
Estar cercado de pessoas	Erros	Mudança	Escola	Problemas familiares
Ficar doente	Morte	Palhaços	Bullying	Não me encaixar
O escuro	Lugares fechados	Voar	Cobras	Comer na frente dos outros
Visitas ao médico	Agulhas	Dentista	Fantasmas	Falar em público
Filmes de terror	Sangue	Zumbis	Perder-me	Perder um dos pais
Dinheiro	Fogo	Gritos	Sonhos ruins	Ser malcompreendido
Críticas	Emoções fortes	Aranhas	Julgamento	Não ser bom o suficiente

Outros:

Quais são seus três principais medos? Por quê?

O que você faz quando se sente ansioso sobre essas coisas?

Você acha que sua solução funciona? O que não funciona? Por quê?

Você fala com Deus sobre suas ansiedades? Você acha que ele pode ajudá-lo?

O que você acha que ele tem a dizer sobre elas?

Vamos fazer um *brainstorming* juntos: O que Deus diz na Bíblia sobre esses medos?

Como isso pode ajudar você? O que podemos fazer?

Atividade do alienígena

Do que você precisa:

Folha de Atividade do alienígena.

Caneta, lápis, lápis de cor ou canetinhas.

Objetivos:

Os jovens muitas vezes expressam sentimentos diferentes ou "alienígenas" em comparação a seus pares. Isso pode acontecer por causa de alguma deficiência, pelo fato de crescerem com diferentes valores familiares ou culturais, por terem dificuldade com a imagem corporal ou por qualquer outra razão pela qual sentem que não se encaixam ou não são aceitos. Quando sabe que essa é uma dificuldade para uma pessoa jovem, você pode usar a figura a seguir de um alienígena para ajudá-la a extrair suas percepções sobre como ela se encaixa ou não se encaixa.

O objetivo é compreender suas experiências, e depois pegar o que você aprendeu e considerar como você se engajará nas lutas que ela descobre. Essa atividade funciona com crianças de sete anos ou mais.

Instruções:

Diga ao seu aconselhado que você gostaria de pensar em todas as maneiras pelas quais ele ou ela se sente (ou se enxerga) como diferente. Encoraje a criança a compartilhar o máximo de coisas que ela possa pensar. Você pode escrever tudo o que a criança lhe disser ou permitir que ela as escreva (dependendo da preferência). Lembre-se, muitas crianças acham incômodo escrever, portanto, oferecer-se para escrever encoraja mais compartilhamento.

Essa atividade pode ser usada com adesivos para as crianças mais novas que gostam desse tipo de coisa. Você pode usar pontos ou pequenos alienígenas para colocar na figura.

Perguntas de acompanhamento:

Uma vez que as crianças disserem que terminaram, você pode fazer as seguintes perguntas:

- Cite alguns exemplos de como você se sente diferente ou alienígena?
- Quais são algumas características suas, que você acha que outros dizem ou acham que o tornam diferente?
- Existem diferenças das quais você se orgulha? Quais são elas?
- Que diferenças você gostaria de mudar?
- Que diferenças você não mudaria, mesmo que os outros não o aceitassem?
- O que você acha que Deus tem a dizer sobre você? Por quê?
- Você acha que poderia haver algo de bom em ser diferente? Por quê ou por que não?

Coisas a observar:

Que temas emergem para essa criança? Esses temas são decorrentes de maus-tratos, conflitos, insegurança interna, deficiência ou algo mais? Como os pais se envolvem nessa dificuldade?

Comece a pensar em como você se aproximaria para ajudar essa criança. Como a Escritura fala às dificuldades que ela tem? Como você precisa levar a criança em direção a crenças ou pensamentos diferentes? Veja também a folha "Deus diz" (página 225), para ajudar as crianças a pensarem sobre o assunto.

ATIVIDADE DO ALIENÍGENA

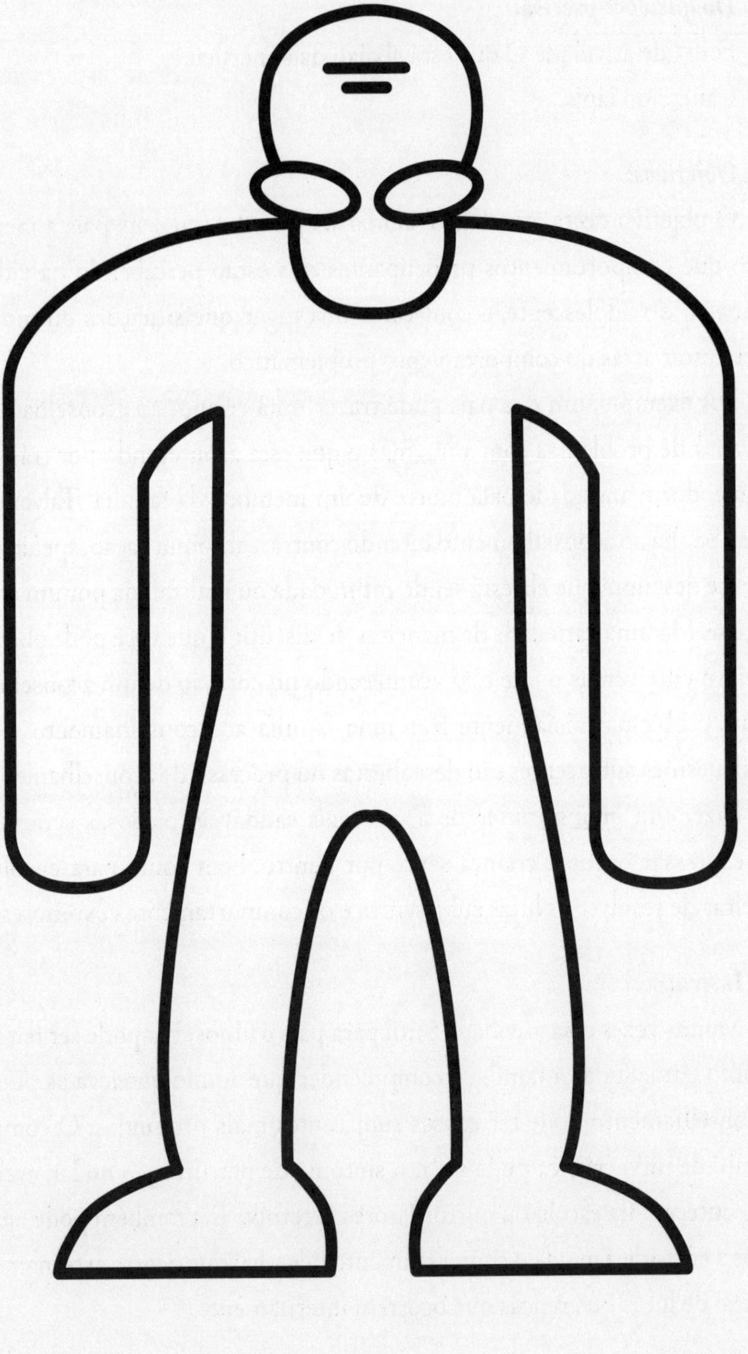

O que está abaixo da superfície?

Do que você precisa:

Folha de atividade O que está abaixo da superfície?

Caneta ou lápis.

Objetivos:

O objetivo desta atividade é ajudar os jovens e/ou seus pais a identificarem que comportamentos preocupantes eles estão percebendo na vida da criança ou do adolescente, e começar a investigar que situações ou motivos podem estar atrás do comportamento problemático.

Por exemplo, um dos pais pode trazer uma criança ao aconselhamento por causa de problemas com a ira, mas o que está acontecendo por trás é, na verdade, dor e ansiedade pela morte de um membro da família. Talvez uma criança venha ao aconselhamento lutando contra a automutilação, apenas para que você descubra que ela está sendo intimidada ou maltratada por um colega de classe. Há uma variedade de maneiras de discutir o que você pode observar exteriormente versus o que está acontecendo no coração de um aconselhado, ou que problema inicialmente traz uma família ao aconselhamento versus quais questões subjacentes são descobertas no processo de aconselhamento.

Fazer um *brainstorming* de ações mais saudáveis/piedosas serão úteis para expressar o que a criança sente por dentro, bem como para encontrar maneiras de resolver as lutas subjacentes e os comportamentos exteriores.

Instruções:

Muitas vezes essa atividade é útil para pais e filhos. Ela pode ser feita em conjunto para ajudar a família a compreender que aquilo que leva as pessoas ao aconselhamento pode ter causas subjacentes mais profundas. O comportamento de uma criança pode ser um sintoma de perturbação no lar, eventos que acontecem na escola ou outros fatores externos. Ela também pode ajudar os pais a entenderem que o comportamento negativo que ocorre externamente é reflexo de lutas ou crenças que ocorrem internamente.

Esse exercício pode ser usado com um jovem para ajudá-lo a pensar sobre o que sente, faz ou como os outros o percebem. Pode ser que você queira adaptá-la às necessidades da situação.

Após o quadro, há perguntas para facilitar a discussão. Ajude o jovem a identificar os comportamentos que são preocupantes e que necessitam de ajuda. À medida que vocês percorrerem juntos as perguntas, comece a ajudá-lo a considerar o que está motivando a luta dele.

Perguntas de acompanhamento:

Perguntas de acompanhamento muitas vezes fluem do que está descobrindo enquanto vocês conversam. Você vai querer considerar se surgem questões que requerem o envolvimento dos pais ou a ajuda de outro indivíduo de fora. Você estará procurando questões que surjam e que possam moldar a direção ou o foco do seu tempo com a criança.

Coisas a observar:

Você levará mais tempo com algumas perguntas e menos com outras, dependendo da percepção da criança. É possível que você também precise de ideias para estimular o raciocínio delas.

Também pode ser benéfico ter um dos pais na conversa quando apropriado. Alguns jovens precisam de ajuda, e ter alguém em quem eles confiam e que os conheça bem pode trazer mais percepção.

O QUE ESTÁ ABAIXO DA SUPERFÍCIE?

1. Que comportamentos as pessoas veem em você que as preocupam?

2. Por que você acha que elas estão preocupadas com você?

3. Como você se sente em relação à reação que recebe dos outros?

4. Por que você acha que faz as coisas que faz?

5. Como você acha que seria obter ajuda ou mudar?

6. O que ajudou no passado?

7. O que não ajudou?

8. Você está aberto a permitir que outros o ajudem? Por quê ou por que não?

9. Vamos fazer um *brainstorming*. Em quais coisas podemos trabalhar juntos?

10. Quais são as coisas que podemos fazer que o ajudariam com isso?

A vida em minha casa

Do que você precisa:

Contorno de casa.

Instrumentos para colorir e desenhar.

Objetivos:

Essa atividade foi projetada para ajudar as crianças a transmitirem como é a vida em suas casas, e funciona melhor com crianças de seis a doze anos. Você pode ter muito mais ideias, dependendo do que gostaria de saber sobre a criança com quem está trabalhando.

Instruções:

Peça à criança para escrever e fazer um desenho de cada pessoa, e depois coloque o desenho dentro da figura de contorno da casa. Algumas crianças gostam de colorir e desenhar exemplos dentro da casa; outras gostam de escrever suas respostas; algumas gostam de colocar adesivos de pessoas, animais e de pontos ao lado daqueles de quem elas gostam, com quem brigam, de quem passa tempo com elas.

As instruções adicionais que você fornecer serão baseadas nas informações que gostaria de reunir. Veja também as perguntas de acompanhamento abaixo.

Perguntas de acompanhamento:

Novamente, as perguntas que você fizer serão baseadas em quais informações está buscando.

Você pode querer informações gerais como por exemplo:

- Quem mora em sua casa?
- Onde vive cada um deles?
- Quais são os quartos de sua casa?
- Você tem animais de estimação?
- Onde fica seu quarto? Como é o seu quarto?

Pode ser que você deseje construir um entendimento sobre como a família funciona:

- Quais são as regras em sua casa?
- Quem as aplica?
- Quais são as tarefas domésticas?
- O que acontece quando alguém quebra uma regra?
- O que sua família faz junto para se divertir?
- Como é um dia em sua casa? Como é uma noite em sua casa?
- O que cada pessoa faz quando está em casa?

É possível que você deseje entender as dinâmicas de relacionamento no lar:

- De quem você está mais próximo em sua família?
- De quem você não é tão próximo?
- Quem se dá melhor em sua casa?
- Com quem você tem mais dificuldade, se houver alguém?
- Com quem você passa a maior parte do tempo?
- Com qual dos pais você passa mais tempo?
- Quem brinca com você?
- Quem o ajuda com sua tarefa da escola?
- Quem você procura quando está triste ou chateado?
- Quem o ajuda com seus sentimentos?

Coisas a observar:

Procure coisas que possam ser recursos naturais e apoio para a criança (tais como um vínculo próximo com o pai, ou o animal de estimação da família, visitas regulares com a avó etc.), ou coisas que possam estar causando mais sofrimento e dificuldade para a criança (um determinado membro da família, regra severa, falta de supervisão etc.).

Considere também:

- A criança fala, escreve e descreve um ambiente familiar feliz e saudável, ou descreve conflito e desespero?

- O que se destaca como normal e bom? O que se destaca como sendo preocupante ou questionável?
- Há coisas que você compreendeu que gostaria de acompanhar? Há coisas com as quais você está preocupado e deseja saber mais?

A VIDA EM MINHA CASA

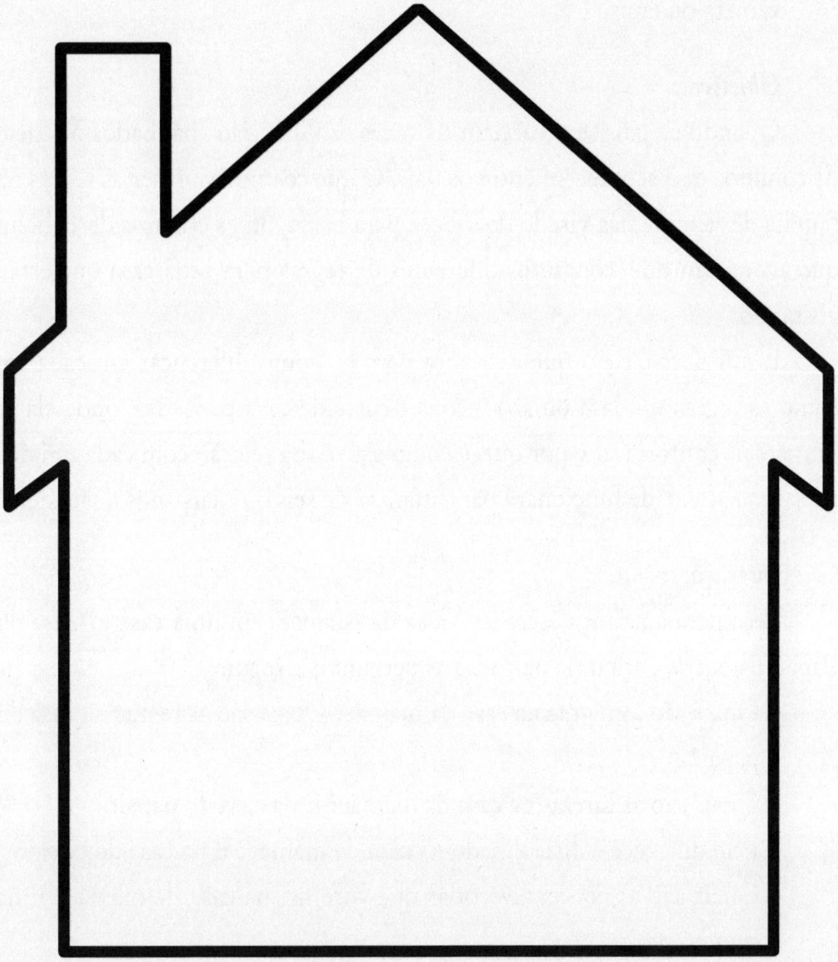

A casa da mamãe, a casa do papai

Do que você precisa:

Duas cópias do contorno de Casa (página 199).

Caneta ou lápis.

Objetivos:

Quando os pais se divorciam, às vezes os filhos são apanhados no meio de conflitos que acontecem entre os pais. O que costumavam ser as regras na família de repente fica virado de cabeça para baixo, ou as crianças descobrem que agora têm dois conjuntos diferentes de regras para cada casa que estão visitando.

É útil descobrir o que a criança percebe como diferenças em cada lar, como as regras mudam ou são inconsistentes de casa para casa, onde ela se sente mais confortável e por que, e como ela vê sua relação com cada um dos pais. Essa atividade funcionará para crianças de seis ou mais anos de idade.

Instruções:

Peça para a criança escrever "Casa da Mamãe" em uma casa e "Casa do Papai" na outra. Faça uma ou todas as perguntas a seguir:

- Quais são as regras na casa da mamãe? Quais são as regras na casa do papai?
- Quais são as tarefas na casa da mamãe? E na casa do papai?
- Pelo que você é disciplinado na casa da mamãe? E na casa do papai?
- Quais são as coisas divertidas que você faz na casa da mamãe? E na casa do papai?
- Na casa de quem você faz suas tarefas da escola?
- Quais são as diferenças em cada casa?
- Quais são as coisas que *são* semelhantes em cada casa?
- Onde você dorme? Como é o seu quarto? Você divide um quarto com alguém?
- Você fala sobre o divórcio na casa da mamãe? Do que você fala?

- Você fala sobre o divórcio na casa do papai? Do que você fala?
- Em que casa você conversa mais abertamente/livremente?
- Em que casa você fala de seus sentimentos?
- Em que casa você se sente mais confortável? Seguro? Inseguro? Estressado? Por quê?

Você pode adaptar essa atividade de diversas maneiras. As crianças podem escrever suas respostas em cada casa; ou você pode escrevê-las para elas, usando as palavras delas. Algumas crianças gostam de fazer desenhos de sua vida doméstica, onde as pessoas dormem, o que fazem etc.; outras podem usar adesivos.

Perguntas de acompanhamento:

Além das perguntas acima, faça tantas perguntas esclarecedoras quantas forem necessárias para entender melhor o que as crianças pensam, sentem e percebem sobre cada lar e por quê. Você pode perguntar se elas lhe dariam um exemplo, contariam uma história ou compartilhariam um evento. Isso o ajudará a identificar as áreas em que a criança tem tido dificuldade ou em que áreas a família tem precisado de ajuda, e também o ajudará a discernir como abordar essas questões.

Coisas a observar:

- Quão saudável ou insalubre é cada lar que a criança visita?
- Os pais tentam criar e compartilhar regras semelhantes juntos para o benefício das crianças? Eles são capazes de deixar de lado suas diferenças para o bem das crianças?
- A criança se sente colocada no meio das diferenças de seus pais? Elas são obrigadas a apaziguar as emoções ou a hostilidade de algum dos pais?
- Há coisas para as quais a criança ou os pais precisam da sua ajuda para trabalhar?

Brainstorming

Do que você precisa:

Folha de atividade Brainstorming.

Instrumentos de escrita.

Objetivos:

Muitas vezes os jovens têm várias coisas acontecendo dentro de si. Entretanto, quando perguntados, eles congelam, dá um branco em suas mentes ou eles se sentem sobrecarregados sem saber por onde começar. Pode parecer que há uma tempestade acontecendo em suas mentes. É possível que haja muitos pensamentos girando, os quais podem causar confusão, ansiedade, estresse, agitação, ou fazer com que eles se sintam esmagados. Uma maneira de ajudar é abrandar a tempestade e olhar o que está acontecendo em seus pensamentos.

Essa atividade tende mais para crianças mais velhas, mas as crianças mais novas na faixa de oito ou nove anos de idade podem ser astutas o bastante para executá-la.

Instruções:

Peça à criança ou ao adolescente para começar a listar todas as coisas em que eles pensam. Não há certo ou errado; eles estão simplesmente tentando fazer um "despejo cerebral" – pegando o que está acontecendo em seus cérebros e despejando o máximo que puderem no papel. Eles podem escrever os pensamentos à medida que aparecerem, mas se você escrever o que dizem, eles são liberados apenas para o *brainstorming* e podem pensar de forma mais rápida e fácil. Você ou eles podem escrever na mente/cérebro, ao redor do rosto etc.

Uma vez feito o *brainstorming*, vocês podem começar a classificar juntos a(s) causa(s) das dificuldades daquele jovem. Faça algumas perguntas de acompanhamento abaixo para esclarecimento.

Perguntas de acompanhamento:

- Circule os três principais pensamentos esmagadores.
- Sublinhe os que menos o incomodam.
- Coloque uma estrela nos que mais o incomodam.
- Quando esses pensamentos tendem a dominá-lo? O que está acontecendo naquele momento?
- O que ou quem o ajuda quando há uma tempestade dentro de seu cérebro?
- O que ou quem não ajuda?

Coisas a observar:

Pegue o que foi discutido e depois avalie com a criança ou o adolescente alguns dos temas e preocupações-chave que você enxerga. A sua forma de abordar esses temas dependerá do que você descobrir.

BRAINSTORMING

8
ATIVIDADES EXPRESSIVAS QUE FALAM AOS CORAÇÕES E AOS DESAFIOS DAS CRIANÇAS

> O sábio de coração é chamado prudente, e a doçura no falar aumenta o saber. (Provérbios 16:21)

O capítulo anterior detalhou muitas maneiras pelas quais podemos conhecer bem nossos aconselhados. Nesse processo, devemos ser tardios para tirar conclusões sobre os problemas ou as lutas dos corações deles, e em vez disso demonstrar-lhes que os ouvimos e que realmente queremos conhecê-los (Pv 18.2). A fim de falar a verdade com sabedoria àqueles que aconselhamos, somos compelidos pelo amor de Cristo a primeiro trazer à tona o que está em seus corações e ouvi-los bem.

Uma vez estabelecida essa base de confiança e que tenhamos sido capazes de ajudar a descobrir alguns dos pensamentos, problemas e outras lutas que nossos aconselhados enfrentam, parte de nossa mordomia essencial como conselheiros é falar sobre as várias situações que trazemos à luz.

Uma vez que conseguimos extrair o que está no interior do nosso aconselhado, agora nosso trabalho apenas começou. Nossa tentação é simplesmente dizer às crianças e aos adolescentes o que eles precisam consertar e depois escolher um versículo da Bíblia para que eles memorizem. Quando compartilhada de forma rápida ou impessoal, essa abordagem não é suficientemente rica para levar a pessoa, de forma integral, em conta, nem faz com que o jovem à nossa frente sinta-se ouvido, amado e conhecido. Falar a verdade saturada do evangelho de forma cativante para o nosso aconselhado é o objetivo.

A Escritura não é tediosa, monótona ou impessoal – ela é rica, profundamente pessoal e significativa, cheia de vida e ilumina claramente o caminho diante de nós. Hebreus 4.12 nos diz: "Porque a palavra de Deus é viva, e eficaz, e mais cortante do que qualquer espada de dois gumes, e penetra até ao ponto de dividir alma e espírito, juntas e medulas, e é apta para discernir os pensamentos e propósitos do coração".

Devemos nos esforçar para mostrar a atratividade do evangelho. A forma como falamos do Senhor e de seus caminhos pode fazer com que nossos aconselhados queiram conhecê-lo pessoalmente ou podem repeli-los para mais longe. Devemos buscar maneiras de falar sobre as lutas, a vida, o Senhor e as Escrituras, e tornar o poder transformador do evangelho pessoalmente relevante para os jovens no nível deles. Essa seção oferecerá apenas algumas sugestões sobre como podemos mostrar a beleza de Cristo e de seus caminhos.

Por exemplo, muitos jovens enxergam a Bíblia como irrelevante, uma desmancha-prazeres, ou inútil, particularmente no que diz respeito a namoro, sexualidade ou identidade sexual. Isso acontece frequentemente porque falamos de relacionamentos e sexualidade como se os princípios bíblicos fossem uma lista de coisas boas e más, em vez de um presente de um Deus que quer o melhor para seus filhos. Precisamos comunicar claramente que Deus não é anti-sexo – ele criou o sexo e, portanto, o sexo é bom. Precisamos articular que o sexo é um dom tão precioso que só leva à bênção quando é usado da maneira que ele pretendeu. Os limites estão lá para nos proteger da destruição.

Esse conceito pode ser ilustrado com um smartphone. Você pode segurar um na frente de um adolescente e fazer um *brainstorming* sobre todas as coisas que aquele telefone é capaz de fazer (enviar textos, ativar chamadas de voz ou vídeo, facilitar as redes sociais, tocar música etc.). Então você pode falar sobre as limitações do telefone e o que ele não é capaz de fazer (ele não pode voar, nadar no oceano, fazer o jantar ou limpar minha casa). Por quê? Porque ele não foi criado para fazer isso. Posso jogá-lo pela janela de um prédio e exigir que ele voe, mas não deveria ficar surpreso quando ele quebrar. Você e eu ficaríamos zangados com o fabricante do smartphone se isso acontecesse? Nós ligamos para a Apple, Samsung ou LG e dizemos-lhes que estraga-prazeres eles são por não estarem de acordo com os desejos que temos em relação ao telefone? Nós não fazemos isso porque entendemos que ele foi criado apenas para certas tarefas e que, se o usarmos fora da maneira como ele foi projetado para ser usado, ele provavelmente quebraria – a culpa seria nossa.

Você pode pegar essa ilustração para explicar que, de semelhante modo, Deus é o criador do sexo e da sexualidade. Ele fez com que o sexo funcionasse bem dentro de um determinado contexto, para nosso benefício e prazer. Entretanto, sempre que saímos dos limites que Deus criou para o sexo, ele será violado, vai desapontar e terá consequências.

Exemplos, lições objetivas e histórias como essas podem introduzir maneiras novas e interessantes para que os jovens compreendam verdades importantes.

Muitos jovens não acreditam que Deus tenha algo a dizer sobre seus problemas ou sobre as questões "modernas". É como se tratássemos a Bíblia como irrelevante para a vida. Pelo contrário, a Palavra de Deus oferece esperança e respostas até mesmo para os problemas mais difíceis que enfrentamos. Embora a maneira como os jovens tenham dificuldades pareça nova e alarmante, em muitos aspectos suas dificuldades não têm nada de novo debaixo do sol – ainda existem temas de aceitação e rejeição, luxúria e ganância, egoísmo e corrupção, maus tratos e sofrimento, quebrantamento e conflito. A verdade e os princípios bíblicos são atemporais. Precisamos fazer o trabalho de conectar nossas crianças de volta ao Senhor e às respostas que ele fornece para o viver de vidas piedosas.

Pense nisso

Do que você precisa:

Folha de atividade Pense nisso e/ou Converse sobre isso.

Objetivos:

Fazer com que as crianças e os adolescentes desacelerem e processem as situações é essencial para ajudá-los a aprender a responder bem às situações. Caminhar com um jovem pelas seguintes perguntas desacelera os eventos e as situações de forma que você possa descobrir em que áreas as coisas deram errado e conversar sobre como pensar, sentir e reagir de forma diferente.

Essa atividade também age como um espelho para as crianças, auxiliando-as a enxergarem em que áreas elas estão funcionalmente crendo e pensando em meio a um evento. Queremos reinterpretar os eventos da vida das crianças à luz da verdade. Muitas vezes, nós temos a tendência de olhar as coisas através de lentes ímpias – lentes que evitam Deus. Quando trazemos Deus e seus caminhos para a história, passamos a entender de forma acurada as experiências delas.

Instruções:

Utilize as duas folhas de atividade fornecidas, tanto a Pense nisso como a Converse sobre isso. Ambas cumprem a mesma tarefa, porém oferecem diferentes formas de processar uma experiência. Essas questões podem ser escritas em um diário durante a semana, conversadas com um adulto de confiança ou conversadas com você.

Perguntas de acompanhamento:

Qualquer discussão de acompanhamento será baseada no que surgir a partir do processamento das perguntas da folha de atividades.

Coisas a observar:

Procure entender como os jovens pensam e respondem, ao mesmo tempo em que você os ajuda a entenderem melhor suas próprias motivações. Procure crenças ou pensamentos errôneos dos quais eles não tem consciência.

- Como eles são tentados a responder? Existem padrões?
- O que eles precisam mudar?
- Em que áreas eles precisam de uma imagem mais clara de quem Deus é e do que ele tem a lhes dizer?

PENSE NISSO

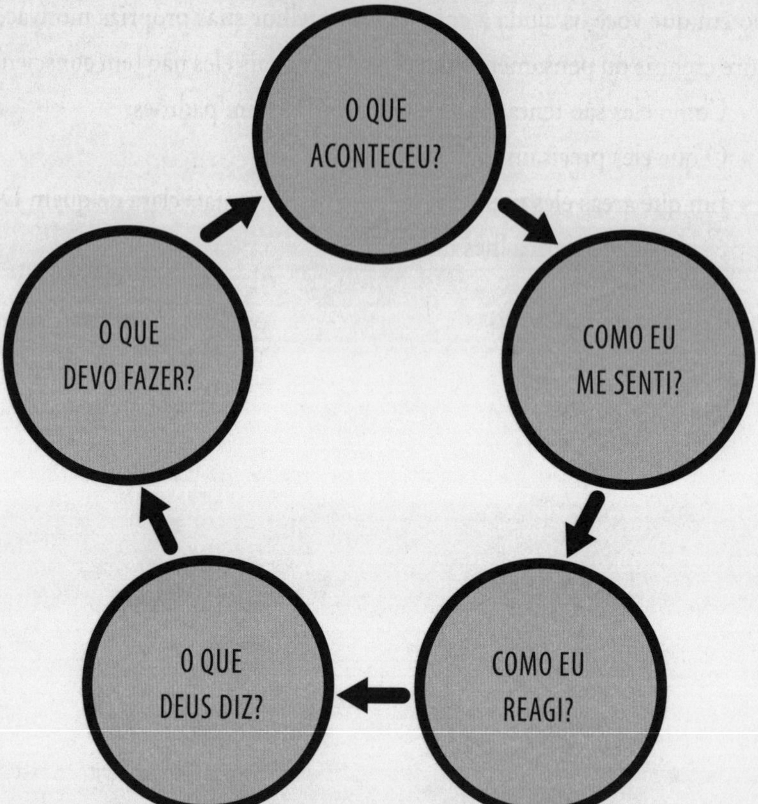

1) O que aconteceu? Qual foi a situação?

2) O que eu senti a respeito do que aconteceu?

3) O que eu pensei sobre isso? Por quê?

4) O que eu fiz sobre isso? Como eu respondi?

5) O que Deus tem a dizer sobre isso? Como eu sei?

6) Como isso me ajuda a mudar minha maneira de pensar sobre o assunto?

7) O que eu devo fazer agora? Como devo responder?

CONVERSE SOBRE ISSO

1. O que aconteceu?
2. Como eu me senti em relação a isso?
3. O que eu pensei sobre isso?
4. O que eu fiz sobre isso? Como eu reagi?
5. O que Deus diz sobre isso?
6. Como isso muda a forma como eu deveria pensar sobre o assunto?
7. Como eu preciso responder sobre isso agora?

Meu problema diz/Deus diz

Do que você precisa:

Folha de atividades Meu problema diz/Deus diz.

Objetivos:

Essa simples folha de atividade pode ajudar a facilitar a discussão sobre aquilo em que um jovem acredita e o que Deus diz a respeito do problema dele ou dela.

Instruções:

Peça à criança que escreva, na parte superior da página, a dificuldade ou o problema identificados. Faça um *brainstorming* com a criança sobre todas as coisas que ele ou ela acredita ser verdadeiras sobre o problema (isso nunca vai mudar, nunca vai melhorar, é muito difícil etc.).

Em seguida, trabalhe em uma lista de verdades do que Deus diz sobre o problema/dificuldade do aconselhado (Deus trabalha em nós, isso é temporário, Deus nos dá aquilo de que precisamos). Procure versículos, passagens e histórias/exemplos na Escritura que demonstram isso e converse sobre como eles se aplicam à vida do aconselhado.

Perguntas de acompanhamento:

Trabalhe para ajudar as crianças a fazerem conexões significativas:

- Por que você acha que é difícil acreditar no que Deus tem a dizer?
- Como seria acreditar nessa verdade?
- Como isso mudaria o que você faz ou sua forma de viver cada dia?
- Como você colocaria cada verdade em prática?

Coisas a observar:

Queremos que a verdade transforme e renove o coração e a mente das crianças. Quais são as coisas que elas realmente precisam ouvir e nas quais realmente precisam acreditar?

Procure maneiras de reiterar essas verdades ao longo do encontro de vocês. Há histórias ou testemunhos persuasivos que você possa compartilhar? É possível que existam canções, citações ou histórias específicas das Escrituras que esse jovem possa usar em sua luta pessoal.

MEU PROBLEMA DIZ/DEUS DIZ

O problema que eu tenho é:

Meu problema diz:	Deus diz:
Eu não consigo entender.	Eu lhe mostrarei o caminho a seguir. (Sl 32.8)
Eu vou dar errado.	Farei tudo cooperar para o bem. (Rm 8.28)
Não sou capaz.	Eu sou capaz. (2Co 9.8)
Isso é impossível.	Toda as coisas são possíveis. (Lc 18.27)
Não consigo fazer isso.	Você pode fazer tudo com a minha ajuda. (Fp 4.13)
Não consigo continuar tentando.	Eu lhe darei graça. (2Co 12.9)
Não consigo lidar com isso.	Eu suprirei cada uma de suas necessidades. (Fp 4.19)
Estou completamente sozinho.	Eu nunca o abandonarei. (Hb 13.5)
Não sou inteligente.	Eu lhe darei sabedoria. (1Co 1.30)
Estou com medo.	Eu sou sua força e a sua defesa. (Is 12.2)
Sou fraco demais.	Em sua fraqueza, eu sou forte. (2Co 12.9)
Ninguém se importa.	Eu te amo com amor eterno. (Jr 31.3)

O que eu posso fazer agora?

A árvore frutífera

Do que você precisa

Imagem de A árvore frutífera.

Adesivos de frutos.

Canetas e/ou canetas coloridas.

Objetivos

A verdadeira mudança não pode acontecer se não houver uma transformação no que nos governa. Quando desejamos viver a vida do jeito de Deus, o fruto de nossas vidas demonstra isso. Ela é marcada pela honestidade, pela integridade, por boas escolhas, por palavras amáveis e pela confiança. O fruto aponta para o que está acontecendo abaixo da superfície, e o que informa e alimenta nossas almas definirá o que vem de nós.

Ao falarmos com as crianças e os adolescentes sobre seus desejos e comportamentos, queremos ajudá-los a entender o que está influenciando suas escolhas e comportamentos – e como eles podem transformar esses pensamentos, essas escolhas e esses comportamentos.

As crianças e os adolescentes raramente têm autoconsciência do que impulsiona o comportamento que apresentam, e às vezes nem conseguem enxergar como o comportamento traz boas ou más consequências. Queremos ajudar a construir uma compreensão *deles* e uma compreensão *para* eles. Buscamos conhecê-los bem, e depois ajudá-los a se conhecerem e entenderem a si mesmos.

Os jovens frequentemente conseguem identificar os comportamentos que os colocaram em problemas ou que os levaram ao aconselhamento. Seja por automutilação, depressão, ira, divórcio ou por divergências sociais, podemos trabalhar com a atividade de identificar os frutos de suas vidas e nos esforçar para fazer as conexões com o que está acontecendo no nível do coração do aconselhado. A imagem da árvore frutífera pode ser usada para fazer a ponte entre as escolhas, os comportamentos e as ações das crianças (o fruto), e o que influencia suas decisões, as motiva, domina seu coração (as raízes).

Quanto mais procuramos ter o coração cheio de amor por Deus e pelos seus caminhos, menos espaço temos para viver por nós mesmos – e vice-versa. Quanto mais enxergamos nossas motivações, mais podemos pedir ao Senhor que as transforme. Alguns frutos podem mudar, outros podem permanecer os mesmos, mas as motivações de nossas ações se tornam puras e corretas.

Instruções:

Antes do encontro com seu aconselhado, pegue a imagem da Árvore frutífera e transforme-a em qualquer tamanho de cartaz. Você deve plastificá-la; dessa forma você poderá usar marcadores e usá-la em muitos contextos, de criança a criança, em ambientes de grupo ou grupo de jovens, na escola dominical ou trabalhando com seus próprios filhos em casa. Você pode desenhar e escrever por cima, depois simplesmente limpar quando tiver acabado.

Você também deve cortar imagens de vários tipos de frutos (ou apenas um tipo, se desejar) e plastificá-las; tente ampliá-las o suficiente para que você possa escrever nelas. Depois, adicione tiras de velcro na árvore e no solo, e nos lados posteriores dos frutos, para que você possa colá-los na árvore, retirá-los e movê-los no chão, ou movê-los em torno da árvore.

Com a criança, converse sobre Lucas 6.43-45: "Não há árvore boa que dê mau fruto; nem tampouco árvore má que dê bom fruto. Porquanto cada árvore é conhecida pelo seu próprio fruto. Porque não se colhem figos de espinheiros, nem dos abrolhos se vindimam uvas. O homem bom do bom tesouro do coração tira o bem, e o mau do mau tesouro tira o mal; porque a boca fala do que está cheio o coração".

Explique como a passagem nos compara a uma árvore; as nossas ações e escolhas são nossos frutos. Pergunte às crianças o que elas acreditam ser frutos em suas vidas (bons e ruins). Permita que elas coloquem um adesivo de fruto na árvore e digam o que ele representa; escreva ao lado dele o que elas disserem. Peça que elas pensem no maior número possível de respostas. Se elas ainda não tiverem feito menção disso, fale sobre qual fruto/comportamento criou problemas para elas.

Algo que às vezes pode ser difícil para os jovens é que frequentemente há bons frutos e frutos ruins misturados entre si. Pegue um adesivo de cada vez e tente falar sobre o que esse comportamento diz acerca do que os está motivando. Eles estão vivendo a vida do "jeito de Deus" ou do "meu jeito"? Eles se comportam dessa maneira porque desejam agradar ao Senhor, ou porque isso os serve de alguma forma?

É útil para um jovem ver que às vezes estamos divididos em nossos desejos. Às vezes fazemos escolhas sábias e piedosas, e outras vezes somos guiados por nossos próprios desejos. Também é útil discutir como um fruto pode parecer bom, mas ser realmente movido por propósitos egoístas. Por exemplo, uma criança pode fazer algo agradável para seu irmão, mas com o objetivo de conseguir um dos brinquedos dele. Ou um adolescente pode empenhar-se em tirar boas notas, mas isso ser devido a um desejo de ter uma boa imagem diante de seus colegas ou ao medo de falhar. Para ajudar a ilustrar essas coisas:

- Você pode desenhar flechas que vão do fruto ruim para o chão, ou o coração que vive a vida do "Meu Jeito".
- Você pode colocar adesivos no chão, representando a fruta podre.
- Você pode escrever, nas raízes, as coisas que você identifica como comportamentos motivadores.

Perguntas de acompanhamento:

Essa atividade é também uma maneira útil de introduzir como o Senhor nos transforma para sermos mais parecidos com ele e como esperar que Cristo trabalhe quando permitimos que ele seja o Senhor de nossas vidas. Pode ser útil demonstrar que quando permitimos que o Senhor dirija nossos desejos, os frutos ruins/podres caem da árvore para o chão, e os bons frutos começam a crescer. Pergunte:

- O que você precisa mudar (ou gostaria de trabalhar)?
- Como seria essa mudança para você?
- Como posso ajudá-lo a fazer essa mudança?

Coisas a observar:

Como as crianças entendem o sentido do comportamento que apresentam e suas motivações? De que forma é necessário tornar claras as conexões para elas? Não queremos simplesmente enfatizar a mudança de comportamento, mas ir mais fundo e considerar como a vida delas pode ser motivada pelo amor ao Senhor e aos caminhos dele. Ele é a fonte de toda esperança e de mudança real.

As passagens seguintes falam sobre a imagem da árvore ou do fruto e podem ser benéficas, dependendo da conversa:

> Salmo 1.3: "Ele é como árvore plantada junto a corrente de águas, que, no devido tempo, dá o seu fruto, e cuja folhagem não murcha; e tudo quanto ele faz será bem-sucedido".
>
> Provérbios 11.30: "O fruto do justo é árvore de vida, e o que ganha almas é sábio".
>
> Provérbios 13.12: "A esperança que se adia faz adoecer o coração, mas o desejo cumprido é árvore de vida".
>
> Provérbios 15.4 (NVI): "O falar amável é árvore de vida, mas o falar enganoso esmaga o espírito".
>
> Ezequiel 47.12: "Junto ao rio, às ribanceiras, de um e de outro lado, nascerá toda sorte de árvore que dá fruto para se comer; não fenecerá a sua folha, nem faltará o seu fruto; nos seus meses, produzirá novos frutos, porque as suas águas saem do santuário; o seu fruto servirá de alimento, e a sua folha, de remédio".
>
> João 15.1-4: "Eu sou a videira verdadeira, e meu Pai é o agricultor. Todo ramo que, estando em mim, não der fruto, ele o corta; e todo o que dá fruto limpa, para que produza mais fruto ainda. Vós já estais limpos pela palavra que vos tenho falado; permanecei em mim, e eu

permanecerei em vós. Como não pode o ramo produzir fruto de si mesmo, se não permanecer na videira, assim, nem vós o podeis dar, se não permanecerdes em mim".

A Escritura é rica em imagens que fazem conexões entre nós e a árvore/ramos/vinha. Além das passagens acima, Juízes 9.8-15 oferece uma alegoria do espinheiro; Lucas 13.6-9 fornece as imagens da figueira e o chamado para Israel; Paulo nos ilustra sendo enxertados na árvore em Romanos 11; e Apocalipse 22.2 e 19 (assim como em Ezequiel 47.7 e 12) descreve a Árvore da Vida. Portanto, seja sábio à medida que você aplica fielmente a Palavra de Deus à necessidade do momento.

A ÁRVORE FRUTÍFERA

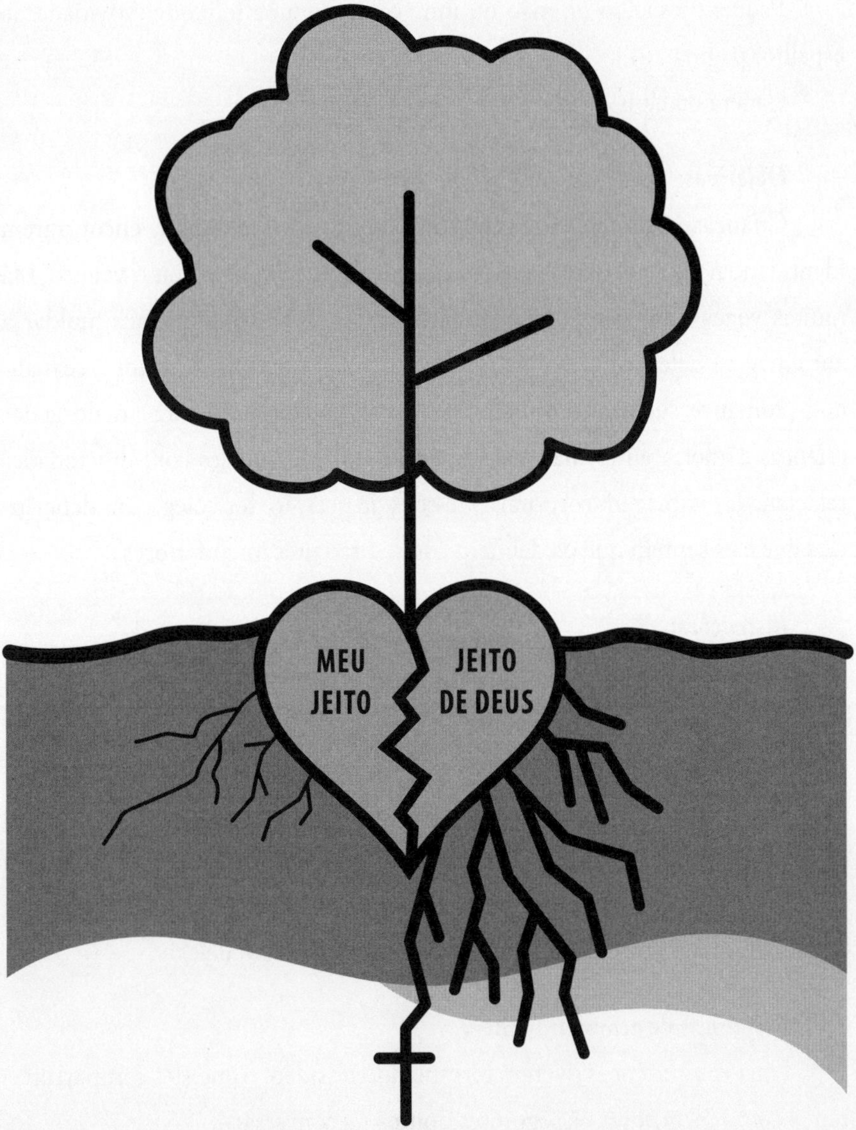

Atividade do espelho

Do que vai precisar:

Folheto Deus diz.

Pequeno espelho de mão ou uma cópia de uma folha de Atividade do espelho (página 227).

Caneta ou lápis.

Objetivos:

Crianças e adolescentes são frequentemente tentados a encontrarem identidade no que os outros (ou no que a cultura) definem como valioso. Há muitas vozes e imagens que bombardeiam os jovens e ameaçam moldar a autoimagem deles: valores e imagens seculares, conceitos de amor e sexualidade, romance, sucesso e normalidade. Essa atividade é útil para a maioria das crianças e adolescentes mais velhos, especialmente aqueles com dificuldades relacionadas à imagem corporal, questões de pressão dos colegas ou deficiências que eles sentem que os definem como diferentes ou "inferiores".

Instruções:

Prepare seu "espelho" (seja de mão ou de papel) e peça aos jovens para falarem (ou listarem) o que eles veem ou acreditam sobre si mesmos quando se olham no espelho. Permita que eles não se apressem para escrever seus pensamentos ou se ofereça para escrever por eles. Peça que eles falem todas as ideias que possam surgir. Alguns responderão à sua pergunta com base em como eles se enxergam; outros responderão com base no que eles próprios acreditam ou no que ouviram dizer sobre o que pensam deles.

Perguntas de acompanhamento:

Uma vez que vocês tiverem terminado, considere o que eles compartilharam e como incorporar os seguintes pontos na conversa:

- O que você faz para tentar ficar no mesmo nível dos outros ou para tentar se encaixar com os outros?

- Há algo de errado com as coisas que você faz?
- Há algo de bom ou benéfico nas coisas que você faz (por exemplo, exercício, comprar roupas bonitas, construir uma imagem na internet)?

Em seguida, converse sobre como algumas vezes a questão não é o comportamento em si, mas *o grau em que permitimos que essas atividades ditem o nosso valor*.

- Isso molda o que você sente por si mesmo hoje?
- Isso influencia o modo como você acredita que os outros o veem?
- Isso altera suas ações?
- Isso motiva seu comportamento?
- Como seus hábitos refletem suas crenças funcionais (ou seja, o que suas ações revelam sobre o que realmente acredita)?

Coisas a observar:

Queremos ajudar os jovens a verem que as imagens que eles criam para si mesmos – as pessoas que eles enxergam no espelho – prejudicam eles próprios e impedem relacionamentos genuínos por diversas razões:

- Só podemos enxergar os outros através das lentes pelas quais eles nos enxergam.
- Isso nos escraviza a uma imagem ou ao que os outros pensam sobre nossa imagem.
- Isso nos impede de sermos conhecidos ou de conhecermos os outros.
- Isso destrói relacionamentos – separa o "nós" do "eles".
- Ficamos obcecados por nós mesmos, sem espaço para nos preocuparmos com os outros.

Pegue a folha de Deus diz e peça ao jovem para pensar em como seria abaixar ou destruir os espelhos que eles estão segurando, e, em vez disso, escolher acreditar no que a Bíblia reflete sobre quem eles são.

Toda a verdadeira beleza e o verdadeiro sucesso advêm do padrão de Deus sobre essas coisas. Ele não é um anti-beleza; ele é o criador da beleza. No entanto, a beleza ou o sucesso não servem para nos dar nosso valor ou nosso mérito – isso só pode vir de Deus. A Bíblia reconhece que grandes e pequenos existem em todos os intercâmbios da vida. Há os atraentes e pouco atraentes, os famosos e aqueles que vivem vidas tranquilas, os bem-sucedidos e os fracassados, os inteligentes e aqueles com pouca inteligência. Quão rapidamente uma diferença ordenada por Deus se torna uma ferramenta que usamos para medir a nós mesmos.

A resposta não é focar mais nós mesmos, mas focar menos e fazer do Senhor e de sua vontade nosso foco adequado. Estamos ensinando nossos adolescentes a encontrarem identidade, conforto e segurança nas relações humanas ou em Cristo? Queremos que as crianças aprendam a encontrar identidade e esperança naquele que não falhará, decepcionará ou as rejeitará. Qualquer agenda de mudança deve concentrar-se nos pensamentos e desejos do coração.

DEUS DIZ

Deus diz que você foi criado de forma assombrosamente maravilhosa.

Graças te dou, visto que por modo assombrosamente maravilhoso me formaste; as tuas obras são admiráveis, e a minha alma o sabe muito bem. (Sl 139.14)

Deus diz que você sempre será amado.

E estou convencido de que nem morte nem vida, nem anjos nem demônios, nem o que existe hoje nem o que virá no futuro, nem poderes, nem altura nem profundidade, nada, em toda a criação, jamais poderá nos separar do amor de Deus revelado em Cristo Jesus, nosso Senhor. (Rm 8.38–39, NVT)

Deus diz que você pertence a ele.

[Ele] nos predestinou para ele, para a adoção de filhos, por meio de Jesus Cristo, segundo o beneplácito de sua vontade. (Ef 1.5)

Deus diz que ele lhe dará poder, amor e uma mente sensata.

Porque Deus não nos tem dado espírito de covardia, mas de poder, de amor e de moderação. (2Tm 1.7)

Deus diz que ele deu seu Filho por você.

Porque Deus amou ao mundo de tal maneira que deu o seu Filho unigênito, para que todo o que nele crê não pereça, mas tenha a vida eterna. (Jo 3.16)

Deus diz que ele pode curá-lo.

Mas ele foi traspassado pelas nossas transgressões e moído pelas nossas iniquidades; o castigo que nos traz a paz estava sobre ele, e pelas suas pisaduras fomos sarados. (Is 53.5)

Deus diz que ele é a sua força.

Ele é o Deus que me reveste de força e torna perfeito o meu caminho. (Sl 18.32; NVT)

Deus diz que ele o fará completo.

Portanto, porque estão nele, o cabeça de todo governante e autoridade, vocês também estão completos. (Cl 2.10; NVT)

Deus diz que você é dele.

Não tema, pois eu o resgatei; eu o chamei pelo nome; você é meu. (Is 43.1; NVI)

Deus diz que você está perdoado.

Escrevo a vocês, filhinhos, porque seus pecados foram perdoados pelo nome de Jesus. (1Jo 2.12; NVT)

Deus diz que ele sempre estará com você.

Não fui eu que lhe ordenei? Seja forte e corajoso! Não se apavore, nem desanime, pois o Senhor, o seu Deus, estará com você por onde você andar. (Js 1.9; NVI)

Deus diz que ele tem um plano para você.

Eu é que sei que pensamentos tenho a vosso respeito, diz o Senhor; pensamentos de paz e não de mal, para vos dar o fim que desejais. (Jr 29.11)

Deus diz que você tem valor e propósito.

E quem sabe se para conjuntura como esta é que foste elevada a rainha? (Et 4.14)

Deus diz que ele conduzirá você.

Quer você se volte para a direita quer para a esquerda, uma voz atrás de você lhe dirá: "Este é o caminho; siga-o". (Is 30.21; NVI)

Deus diz que ele lhe dará paz e consolo.

Deixo-vos a paz, a minha paz vos dou; não vo-la dou como a dá o mundo. Não se turbe o vosso coração, nem se atemorize. (Jo 14.27)

Deus diz que ele pode lhe dar alegria.

Tenho-vos dito estas coisas para que o meu gozo esteja em vós, e o vosso gozo seja completo. (Jo 15.11)

ATIVIDADE DO ESPELHO

Atividade da ansiedade

Do que você precisa:

Folha de atividade da ansiedade.

Objetivos:

A ideia dessa atividade é pegar Filipenses 4.6-9 e aplicá-la às lutas de um jovem. Queremos ajudar a tornar a Escritura relevante para a vida pessoal da criança. Isso pode ser adaptado para a maioria das idades, mas funcionará melhor com crianças e adolescentes que possuem a capacidade de pensar nessas questões com você.

Instruções:

Percorra a folha atividade da ansiedade com o jovem. Tome tempo para desacelerar e explorar cada afirmação e pergunta. Fale sobre o significado de cada termo e as maneiras como ele muda nossa perspectiva.

Perguntas de acompanhamento:

- O que essa passagem nos lembra de dizer, fazer ou pensar?
- Ela o encoraja ou desencoraja? Por quê?
- Quais são as medidas que você pode tomar para colocar isso em prática?

Coisas a observar:

- Em que áreas a criança tem tido dificuldade para fazer conexões significativas com a experiência dela? Como você pode ajudar a preencher a lacuna para ele ou ela?
- A conversa o leva a outras passagens ou versículos que são úteis ou aplicáveis à discussão? Em caso afirmativo, caminhe por essas passagens, extraindo perguntas e passos de ação similares.

ATIVIDADE DA ANSIEDADE

> Não andeis ansiosos de coisa alguma; em tudo, porém, sejam conhecidas, diante de Deus, as vossas petições, pela oração e pela súplica, com ações de graças. E a paz de Deus, que excede todo o entendimento, guardará o vosso coração e a vossa mente em Cristo Jesus.
>
> Finalmente, irmãos, tudo o que é verdadeiro, tudo o que é respeitável, tudo o que é justo, tudo o que é puro, tudo o que é amável, tudo o que é de boa fama, se alguma virtude há e se algum louvor existe, seja isso o que ocupe o vosso pensamento. O que também aprendestes, e recebestes, e ouvistes, e vistes em mim, isso praticai; e o Deus da paz será convosco. (Fp 4.6-9)

Que coisas o deixam ansioso ou assustado?

Quando isso acontece, como você faria com que "sejam conhecidas, diante de Deus, as vossas petições"? Como você leva essas coisas a Deus em oração?

O que você acha que a ação de graças tem a ver com a oração e nossas ansiedades? Quais são as coisas pelas quais você pode ser agradecido?

O que você acha que é a paz de Deus, e como seria isso em sua situação?

Depois de entregarmos nossa ansiedade ao Senhor, o que faremos a seguir? Filipenses nos diz para controlar ou dirigir a maneira como pensamos nos versículos 8-9: "Finalmente, irmãos, tudo o que é verdadeiro, tudo o que é respeitável, tudo o que é justo, tudo o que é puro, tudo o que é amável, tudo o que é de boa fama, se alguma virtude há e se algum louvor existe, seja isso o que ocupe o vosso pensamento. O que também aprendestes, e recebestes, e ouvistes, e vistes em mim, isso praticai; e o Deus da paz será convosco". Vamos falar sobre o que cada termo significa e como você pode pensar nessas coisas. Vamos fazer um *brainstorming* das coisas que você pode pensar, dizer ou fazer e que reflitam cada uma destas categorias.

Tudo o que é verdadeiro (o que é certo, bom e acurado):

Tudo o que é respeitável (moral, justo, nobre, honroso):

Tudo o que é justo (imparcial, certo, sábio, bom para todos):

Tudo o que é puro (saudável, intacto, não corrompido, virtuoso):

Tudo o que é amável (atraente, agradável, bom, fácil de se deleitar diante de Deus):

Tudo o que é de boa fama (admirável, estimável, venerável):

Se alguma virtude há e se algum louvor existe (digno de admiração, espanto):

Seja isso que ocupe o vosso pensamento. Como você escolhe pensar nisso ou lidar com essas coisas? O que isso fará por você?

O que também aprendestes, e recebestes, e ouvistes, e vistes em mim, isso praticai. Como você pode praticar essas coisas em casa, na escola e em outros lugares?

E o Deus da paz será convosco. Como você acha que seria isso em sua vida? Como isso mudará/ajudará você?

Quem é o rei?

Do que você precisa:

Panfleto das passagens de realeza (páginas 235 e 236).

Contorno do trono e/ou coroa (páginas 237 e 238).

Vestes e coroa de rei (se você estiver dramatizando com crianças mais novas).

Objetivos:

Em um número demasiado de lares, as crianças têm sido criadas para acreditar que estão lá parar serem servidas e satisfeitas. Em outros lares existe o oposto – espera-se que a vida do lar, as rotinas e as pessoas girem em torno da agenda de um dos pais ou de ambos. Os dois paradigmas são igualmente falhos.

Existe apenas um Rei: o Senhor Jesus Cristo. Cada lar e cada indivíduo deve viver em submissão ao Rei. Não é a nossa vontade que deve ser feita, e sim a vontade do Senhor. Os pais não são governantes, e os filhos não são seus súditos. Eles são administradores do Rei; aos pais é dada a responsabilidade de administrar e pastorear seus filhos, sua família e seus recursos para a glória do Rei, não para benefício próprio. Da mesma forma, as crianças e os adolescentes precisam ser criados para saber que não são eles que estão sentados no trono; eles devem lembrar-se quem é o Rei deles e permitir que isso modele suas vidas e comportamentos.

Conversar com as crianças sobre o que significa sair do trono e deixar Jesus ser Rei pode ser benéfico de diversas formas:

- Aos jovens é mostrado que o mundo não gira em torno deles.
- Ensinamos a submissão e a humildade piedosas; isso também pode fomentar uma grande conversa sobre como deveriam ser as características dessas duas virtudes.
- Cultivamos o coração de um servo nas crianças, em vez de uma mentalidade de mini deus.

- Oferecemos conforto e segurança ao acreditar que um Rei poderoso cuida de seu povo. Isso pode proporcionar alívio para aqueles que temem abrir mão do controle.
- Instilamos a crença de que tudo o que o Rei faz ou permite pode ser confiável e será para o nosso bem.

Instruções:

Personalize essa atividade de acordo com o que a criança, o adolescente ou a família têm enfrentado. De que maneira ele têm dificuldade para deixar Jesus ser Rei em suas vidas? De que forma eles tentam sentar-se no trono ou usar a coroa? Com quem eles fazem isso? Como isso se dá em suas vidas?

Para as crianças mais novas: Você poderia fazer uma dramatização em que a criança é o rei, vestida com um manto ou uma coroa e carregando um cetro. Você pode perguntar a ela:

- Se você fosse um rei, quais seriam suas regras?
- Como você manteria a paz? Como evitaria conflito? Como governaria de forma justa? Como lidaria com a desobediência?

Procure maneiras de demonstrar que, para nós, é impossível ser rei e quais são todas as dificuldades pelas quais devemos tentar navegar. Faça conexões com o quanto seria melhor ser um súdito de um rei que é sábio, justo, amoroso e bom ao invés de tentar fazer o trabalho dele.

Para os adolescentes (ou crianças menores): Use a figura do trono ou da coroa e permita que a criança fale sobre essas questões:

- Se você pudesse ser rei em sua casa, em sua escola, em suas circunstâncias, o que você faria?
- Como você lidaria com as pessoas difíceis, com seus pais ou irmãos, ou colegas?
- O que você mudaria?

- E se os outros não ouvissem ou não seguissem suas regras?
- Quais seriam suas limitações?

Você pode pedir à criança que escreva o que ela pensa que faria, ou você pode listar as maneiras como você a vê tentando ser rei. O objetivo é ajudar as crianças a enxergarem como elas são seus próprios mini deuses e de que forma elas trazem sua própria ruína.

Perguntas de acompanhamento:

Com base na necessidade, abaixo estão algumas sugestões de abordagens para discussões posteriores.

- Peça às crianças que listem as maneiras como elas podem sair do trono e crescer em confiança no Senhor, ou as maneiras como elas podem revelar a realeza dele nas vidas delas e como ele é digno de confiança.
- Converse sobre (ou liste) as maneiras do Senhor ser onisciente, onipotente e onipresente e sobre ele ter poder para lidar com todas as coisas.
- Percorram juntos o panfleto Passagens de realeza, depois pergunte se o aconselhado acha que poderia fazer um trabalho melhor do que o do Senhor. Muitas vezes pensamos que podemos fazer um trabalho melhor, então esteja preparado para falar sobre as formas como ficamos aquém desse papel.

Coisas a observar:

Como as crianças estão se envolvendo com o tema? Tire um tempo para pintar um quadro vívido do rei bom e benevolente a quem servimos e por quê. Fale sobre seu caráter, como ele nos trata como filhos e seu desejo de nos atrair e não de nos arruinar.

PASSAGENS DE REALEZA

1 Crônicas 29.11–12

Teu, Senhor, é o poder, a grandeza, a honra, a vitória e a majestade; porque teu é tudo quanto há nos céus e na terra; teu, Senhor, é o reino, e tu te exaltaste por chefe sobre todos. Riquezas e glória vêm de ti, tu dominas sobre tudo, na tua mão há força e poder; contigo está o engrandecer e a tudo dar força.

Salmo 103.19

Nos céus, estabeleceu o Senhor o seu trono, e o seu reino domina sobre tudo.

Isaías 37.16

Ó Senhor dos Exércitos, Deus de Israel, que estás entronizado acima dos querubins, tu somente és o Deus de todos os reinos da terra; tu fizeste os céus e a terra.

1 Samuel 12.12

Vendo vós que Naás, rei dos filhos de Amom, vinha contra vós outros, me dissestes: Não! Mas reinará sobre nós um rei; ao passo que o Senhor, vosso Deus, era o vosso rei.

Salmo 95.3

Porque o Senhor é o Deus supremo e o grande Rei acima de todos os deuses.

Isaías 44.6

Assim diz o Senhor, Rei de Israel, seu Redentor, o Senhor dos Exércitos: Eu sou o primeiro e eu sou o último, e além de mim não há Deus.

1 Timóteo 1.17 (NVI)

Ao Rei eterno, o Deus único, imortal e invisível, sejam honra e glória para todo o sempre. Amém.

Apocalipse 15.3

E entoavam o cântico de Moisés, servo de Deus, e o cântico do Cordeiro, dizendo: Grandes e admiráveis são as tuas obras, Senhor Deus, Todo-Poderoso! Justos e verdadeiros são os teus caminhos, ó Rei das nações!

Salmo 93.1

Reina o Senhor. Revestiu-se de majestade; de poder se revestiu o Senhor e se cingiu. Firmou o mundo, que não vacila.

Salmo 145.11-13

Falarão da glória do teu reino e confessarão o teu poder, para que aos filhos dos homens se façam notórios os teus poderosos feitos e a glória da majestade do teu reino. O teu reino é o de todos os séculos, e o teu domínio subsiste por todas as gerações. O Senhor é fiel em todas as suas palavras e santo em todas as suas obras.

Apocalipse 19.16

Tem no seu manto e na sua coxa um nome inscrito: Rei dos Reis e Senhor dos Senhores.

Estrada das emoções

Do que você precisa:

Página Estrada das emoções.

Miniaturas de pessoas, barricadas ou cercas, placas de trânsito, carros (o suficiente para cada criança que você estiver trabalhando) e diversos veículos de emergência (polícia, ambulância, helicóptero).

Canetas marcadores para quadro branco (opcional).

Objetivos:

As crianças frequentemente lutam com emoções fortes como ansiedade, ira, medo, frustração. Às vezes, a dificuldade consiste no controle dos impulsos, em falar sem refletir e nos comportamentos reativos.

A Estrada das emoções é uma forma criativa de falar sobre emoções que parecem estar fora de controle para as crianças; ela também ajuda as crianças a entenderem a dinâmica e os efeitos de suas fortes emoções. Essa atividade lhes dá uma metáfora com a qual consigam se identificar, para que sejam capazes de começar a incorporar maneiras de desacelerar, bem como de abrandar suas emoções. Essa atividade também proporciona uma maneira criativa de falar sobre a forma como a mãe, o pai ou qualquer adulto pode ajudar a oferecer sinais de aviso, balaustradas, lombadas ou pit stops para proteger as crianças de ficarem fora de controle. Essa atividade funciona melhor com crianças de cinco a treze anos de idade.

Instruções:

A página Estrada das emoções funciona melhor quando ampliada ao tamanho de um cartaz e plastificada, de modo que possa ser usada regularmente com objetos em miniatura colocados sobre ela ou com marcadores para quadro branco.

Pegue a folha/cartaz e comece a falar com as crianças sobre o conhecimento que elas têm acerca das regras de trânsito e de velocidade. A maioria vai adorar compartilhar o que sabe – ou dizer quando seus pais ou outros quebraram as regras. Fale sobre o que acontece quando as pessoas aceleram, quem elas põem em risco e quais podem ser as consequências. Fale sobre o que significa "fúria no trânsito". Compartilhe como as emoções que correm fora de controle podem ser muito parecidas com um veículo correndo fora de controle em uma estrada.

Em seguida, deixe as crianças escolherem veículos para representarem a si mesmas. Tenha uma variedade de veículos para elas escolheres: caminhões, motocicletas, carros de corrida etc. Peça-lhes que escolham veículos para representar as pessoas de sua família, escola ou circunstâncias de vida, e coloque-os no cartaz.

Pergunte o que acontece quando um veículo acelera em uma estrada. Ele está fora de controle, não consegue diminuir a velocidade, nem fazer curvas ou paradas bruscas. Quanto mais rápido você for, menos provável é que você esteja preparado para paradas bruscas, curvas ou bloqueios de estradas. Isso também interfere na sua capacidade de aproveitar o passeio e de se manter dentro das faixas ou das balaustradas. Pergunte também:

- Quais são as formas de colocar os outros em risco quando as emoções correm rápido demais?
- Quais são as consequências?

A seguir, indique os carros da polícia que representam as pessoas ou as formas pelas quais as consequências acontecem. Talvez você receba apenas um aviso, talvez você receba uma multa ou uma consequência. Talvez você tenha ignorado todos os sinais de advertência e criado tamanha desordem que as consequências se tornaram muito maiores. Pergunte às crianças: "Quem tende a ser a polícia em sua vida?" (pais, professores, líderes, treinadores, etc.).

Perguntas de acompanhamento:

- O que está abastecendo seu motor quando você se vê dirigindo muito rápido ou imprudentemente?

- A quais armadilhas de tentação você é vulnerável (eu sou uma vítima; você me fez acelerar; eu não consigo diminuir a velocidade; outros estavam acelerando e por isso eu tive que correr)?
- Como até mesmo as emoções positivas poderiam criar problemas semelhantes? O que você pode fazer quando ficar muito agitado, mesmo quando se trata de uma coisa boa?
- De que formas podemos ajudá-lo a diminuir a velocidade? Como as lombadas ou pit stops podem ajudá-lo?
- Onde você pode encostar para se acalmar e lidar com suas emoções (estação de educação, pit stop)?
- Que tipo de pit stops podem ajudá-lo em casa (sentar-se em uma cadeira confortável, ir para seu quarto para relaxar, balançar em um balanço em seu quintal até que você esteja calmo)?
- Que sinais um adulto poderia lhe dar de que você está indo muito rápido?

Lembre às crianças de que os pit stops são diferentes das consequências, que só vêm depois que elas optam por ignorar todos os sinais. Quando a polícia pede para você encostar o carro, isso significa que você ignorou todos os sinais dados para diminuir a velocidade. As consequências, pequenas ou grandes, então virão com base na infração.

Coisas a observar:

Existem maneiras práticas de ajudar as crianças e os pais a diminuírem a velocidade das emoções, enquanto também ajudam as crianças a entenderem o que as motiva (ira, controle, medo etc.). Convide um dos pais para participar de um *brainstorming* sobre como ele pode ajudar seu filho a trabalhar nisso e sobre a linguagem que ele pode adaptar para sinalizar que a criança precisa de pausas ou ajuda. Você quer que os pais ou outros adultos sejam capazes de usar a linguagem das corridas, lombadas e pit stops para que isso ressoe nas crianças de uma nova maneira.

ESTRADA DAS EMOÇÕES

Edificando ou derrubando

> Não saia da vossa boca nenhuma palavra torpe, e sim unicamente a que for boa para edificação, conforme a necessidade, e, assim, transmita graça aos que ouvem. (Ef 4.29)

Do que você precisa:

Sacos de papel marrom ou branco.

Lápis de cor, canetinhas e giz de cera.

Objetivos:

O velho clichê "Paus e pedras podem quebrar meus ossos, mas as palavras nunca irão me ferir" soa bem, mas a realidade é que as palavras cortam profundamente. O objetivo dessa atividade é ajudar a ilustrar o impacto que as palavras têm sobre os outros. Se uma criança é objeto de bullying ou é aquela que maltrata os outros, é útil demonstrar o que acontece quando derrubamos uma pessoa com palavras (ou com comportamentos). Essa atividade é uma grande ilustração para as crianças sobre o impacto das palavras, das atitudes e das ações, e funciona melhor com crianças de três a doze anos.

Instruções:

Sente-se com a criança e descreva como fazer um fantoche com o saco de papel. Em seguida, peça à criança que faça o fantoche dela; você também fará um fantoche enquanto a criança estiver trabalhando.

Quando ambos tiverem terminado, diga à criança que você gostaria de conversar sobre como as palavras (e as ações) podem edificar uma pessoa ou derrubá-la. Coloquem seus fantoches nas mãos e depois peça à criança que diga algo grosseiro ou maldoso para o seu fantoche (algo como "Você é feio" ou "Você é burro"). Depois que a criança disser as palavras maldosas, amasse levemente o fantoche em sua mão. Fale para a criança dizer outra coisa desagradável: continue amassando seu fantoche a cada palavra rude dita, até que o fantoche tenha se tornado uma bola amassada.

Converse sobre como as palavras e as ações impactam as pessoas e destroem umas às outras. O fantoche amassado demonstra o impacto que as palavras têm. Nem sempre podemos vê-lo do lado de fora, mas elas podem esmagar o espírito de uma pessoa.

Em seguida, peça à criança para dizer algo gentil ao boneco amassado. Cada vez que uma palavra gentil é dita, desamasse o fantoche aos poucos, à medida que palavras de graça são ditas a ele. Pergunte à criança o que ela está observando enquanto as palavras gentis são ditas, depois discuta as maneiras pelas quais podemos edificar alguém e lhe transmitir graça pela maneira como falamos.

Coloque seu boneco enrugado ao lado do boneco da criança, que ainda deve estar bonito e liso. Fale sobre as diferenças entre os dois. O fantoche que uma vez foi amassado ficou lentamente nivelado (embora ainda tenha linhas e vincos) por palavras amáveis. Entretanto, o impacto (os vincos) ainda é evidente. Marcas foram deixadas e não desaparecem rapidamente. Discuta como você viu isso acontecer na vida do aconselhado ou na vida de outros.

Perguntas de acompanhamento:

Se a criança é impactada por palavras indelicadas, fale sobre as maneiras como ela foi maltratada e de que maneira ela se identifica com o fantoche. Fale sobre como Deus define quem vocês são; fale palavras que a edifiquem e diga-lhe o que é verdadeiro, certo e bom.

Se a criança é alguém que intimida os outros ou fala de maneira indelicada, discuta o que significa Efésios 4.29. Explore o que está acontecendo dentro delas:

- Quais são as formas de destruir os outros por meio de palavras, ações e até mesmo de atitudes?
- Como você faz isso com seus pais, irmãos ou colegas?

- O que está por trás de suas ações? O que a motiva a agir dessa maneira?
- Você entende ou se importa com o impacto que suas palavras, ações ou atitudes têm tido? Por quê ou por que não?
- Faça um *brainstorming* sobre como a criança pode mudar e falar palavras de vida ou de graça aos outros. O que torna isso possível? O que torna isso difícil?

Coisas a observar:

Através dessa discussão, você pode descobrir outras coisas que acontecem na vida da criança. Algumas crianças agem de forma rude por terem sido maltratadas ou intimidadas. Algumas o fazem devido a ferimentos e rupturas em sua família, ou porque tiveram esse modelo de comportamento. A sabedoria considera como abordar a criança com base na dificuldade e na necessidade. De que forma a Sagrada Escritura fala sobre o assunto e quais são as melhores maneiras de comunicar isso aos aconselhados?

Levando cativos os pensamentos

Do que você precisa:

Folha de atividade Levando cativos os pensamentos.

Canetas, lápis de cor e/ou outros objetos de escrita.

Adesivos (ou desenhos) de moscas.

Objetivos:

Há jovens que acham particularmente difícil lidar com seus pensamentos. Alguns lutam com os pensamentos ansiosos que os bombardeiam. Algumas crianças podem se sentir sobrecarregadas por pensamentos inoportunos ou perturbadores, enquanto outras podem ter pensamentos e ideias que não param de correr em suas mentes, os quais elas sentem que não capazes de controlar.

Muitas vezes os pensamentos que os bombardeiam dizem algo sobre o que os tem consumido. É algo que eles temem? Algo que eles desejam? Alguma coisa que lhes causa estresse? É importante ajudar os jovens a entenderem o que exatamente está por trás dos pensamentos. Outro desafio é convencer as crianças de que, apesar da forma como os pensamentos vêm, elas são capazes de controlar o que fazem com eles.

Precisamos ajudar as crianças a saberem o que fazer com seus pensamentos. As crianças precisam ter em mente que elas controlam seus pensamentos; seus pensamentos não devem controlá-las. Uma passagem que muitas vezes me vem à mente é 2 Coríntios 10.5 (NVI): "Destruímos argumentos e toda pretensão que se levanta contra o conhecimento de Deus, e levamos cativo todo pensamento, para torná-lo obediente a Cristo".

Uma imagem com a qual a maioria das crianças pode se identificar é a de moscas voando ao redor de sua cabeça. Uma mosca pode ser irritante, duas moscas podem ser frustrantes, mas três, quatro, cinco moscas são absolutamente insuportáveis! Quanto mais moscas, mais distraídos, ansiosos ou estressados ficamos. Nós batemos em uma para mandá-la para longe, e ela retorna um minuto depois. Tentamos esmagar várias, e pode parecer que elas estão se multiplicando; não sabemos de qual ir atrás primeiro.

Nossos pensamentos também podem ser assim. Um pensamento perturbador pode ser difícil, dois podem ser irritantes, mas uma vez que três ou quatro vêm, sentimo-nos muito mais sobrecarregados e distraídos. Não sabemos como lidar com um pensamento sem que outro esteja bem ali e, antes que você perceba, o primeiro está de volta.

O que queremos enfatizar é que não importa como e por que os pensamentos vêm, devemos escolher o que fazer com eles. Dar às crianças a consciência de que elas podem escolher o que fazer com seus pensamentos também lhes dará a confiança para agirem contra esses pensamentos e buscar a mudança.

Instruções:

Antes de se reunir com a criança, faça uma cópia da folha de atividades Levando cativos os pensamentos. Ela também pode ser transformada em um cartaz que você amplia, plastifica e usa faixas de velcro nas moscas para que elas sejam colocadas, tiradas ou movimentadas. Há adesivos de moscas que você pode comprar; as crianças adoram colar os adesivos enquanto você anota que pensamento aquela mosca representa. Você também pode desenhar ou usar uma ilustração de uma mosca, ou simplesmente listar os pensamentos ao redor da cabeça. Procure maneiras de tornar essa atividade mais envolvente.

Com o jovem, faça um *brainstorming* de todos os pensamentos que o sobrecarregam, escrevendo esses pensamentos à medida que ele os relaciona. Depois de listá-los todos, procure temas ou padrões que você vê e considere maneiras de começar a abordar o que está por trás dos pensamentos dele.

Lembre-o de que 2 Coríntios 10:5 diz: "levamos cativo todo pensamento, para torná-lo obediente a Cristo". Assim como as moscas que não o deixarão em paz, às vezes parece que seus pensamentos estão a atacá-lo e não vão embora. Quando isso acontece, queremos pensar: *Como é levar cada pensamento cativo – ou capturar cada pensamento – e torná-lo obediente ao Senhor?*.

Queremos capturar cada pensamento, um a um, e decidir o que fazer com ele, para que não continue voltando. A única maneira de fazermos isso é pegar nossos pensamentos e fazê-los se submeterem ao que Deus diz ser verdade.

Perguntas de acompanhamento:

Pegue uma "mosca", ou pensamento, de cada vez e pergunte ao aconselhado:

- Como seria se você capturasse aquela mosca e se livrasse dela?
- Qual seria a sensação?
- O que a Palavra de Deus diz sobre esse pensamento?

Registre as respostas à última pergunta na folha de atividade da criança, para que ela possa consultá-la depois.

Coisas a observar:

Não queremos ser simplistas ou desdenhosos enquanto trabalhamos nessa atividade. É importante discernir porque a criança é consumida por cada pensamento com o qual você está lidando, para ajudá-la a saber o que é verdade e para falar sobre como ela pode administrar esse pensamento ou livrar-se dele.

LEVANDO CATIVOS OS PENSAMENTOS

Meu pensamento diz:

Deus diz:

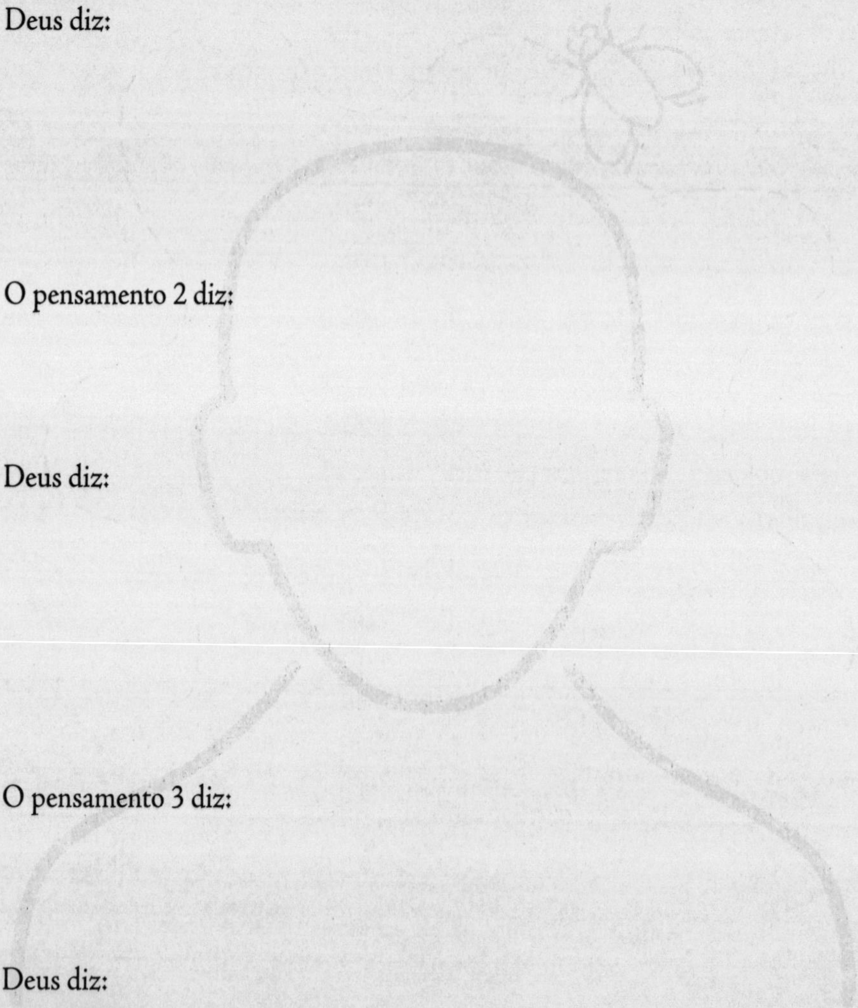

O pensamento 2 diz:

Deus diz:

O pensamento 3 diz:

Deus diz:

Buscando a Deus

Do que você precisa:

Folha de atividade Buscando a Deus.

Bíblia (opcional).

Objetivos:

O Salmo 27 fala sobre o que fazer quando tememos que coisas ruins aconteçam. É um clamor pela proteção de Deus, bem como uma declaração de quem Deus é: ele é confiável e é bom. Ele nos dá uma visão de onde vem o nosso auxílio – não das nossas circunstâncias, nem da segurança de que coisas difíceis não acontecerão, mas da presença de Deus em meio às coisas difíceis. Estar perto do Senhor e saber que ele está bem ali conosco é vital para moldar nossas respostas e para nos lembrar de onde nossa esperança/conforto se encontra.

Instruções:

Use a folha de atividade e a passagem para explicar como o jovem pode buscar a Deus em meio a uma situação difícil. O Salmo 27.4 (ênfase adicionada) tem a chave para nos ajudar a enfrentar os "e se":

> "Uma coisa pedi ao Senhor; é o que procuro: que eu possa *viver* na casa do Senhor todos os dias da minha vida, para *contemplar* a bondade do Senhor e *buscar* sua orientação no seu templo".

Cada palavra enfatizada é diferente, mas contém uma verdade semelhante: trata-se da presença de Deus. Queremos que ele esteja à nossa direita, que seja nosso guia, que seja nosso abrigo, que nos dê conforto. Uma maneira mais simples de comunicar isso para crianças da idade do ensino fundamental (expressa na segunda folha de trabalho) pode ser a seguinte:

Cavar – quero saber o que é verdade e acreditar no que Deus diz.

Viver – quero que Jesus seja meu melhor amigo e companheiro, aquele que está sempre comigo.

Deleitar – quero desfrutar e ter prazer em estar com Jesus.

Discuta cada palavra e trabalhe com a criança as perguntas da folha de atividade.

Perguntas de acompanhamento:

Você também pode ler o salmo inteiro com a criança para encontrar maneiras úteis de resumir o que está acontecendo. Peça ao jovem para fazer um *brainstorming* sobre como esse versículo se aplica a ele ou a ela diretamente, e/ou à situação na qual ele ou ela está trabalhando atualmente. Você pode escrever na folha, fazer uma lista ou pedir que a criança escreva em um diário durante uma semana.

Coisas a observar:

Lembre-se, você está construindo pontes entre a Escritura e as circunstâncias da criança. Você pode edificar e acrescentar outras passagens bíblicas que possam falar sobre a situação da criança, dependendo do que é relevante para a vida dela. Como você pode encorajar a criança a ver Deus nas experiências do dia-a-dia?

O livro *My Heart, Christ's Home Retold for Children*, de Robert Boyd Munger (IVP Books, 2010), também pode ajudar os jovens a compreenderem e processarem essas verdades.

BUSCANDO A DEUS

Uma coisa pedi ao Senhor; é o que procuro: que eu possa viver na casa do Senhor todos os dias da minha vida, para contemplar a bondade do Senhor e buscar sua orientação no seu templo. (Sl 27.4; NVI)

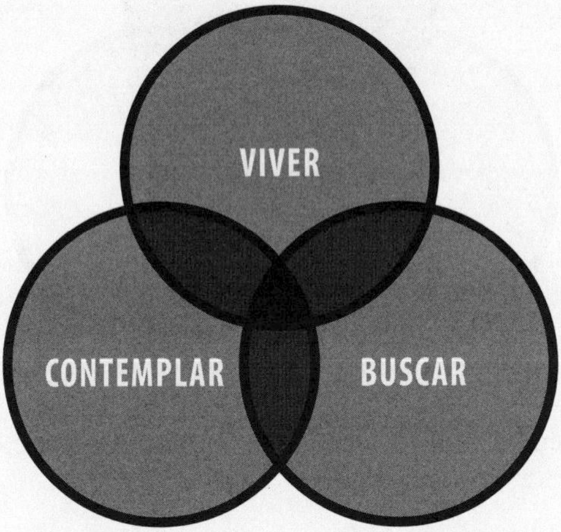

Viver: *residir, habitar, estar em.*
Como seria viver ou residir com o Senhor em meio a essa situação?

Contemplar: *observar, olhar, permanecer focado ou meditar em.*
O que significaria considerar, ter respeito e permanecer focado no Senhor, apesar do que você está passando?

Buscar: *perseguir, aspirar a, ir atrás.*
Como você poderia ter um coração que aspira seguir ao Senhor, em vez de temer o que pode vir em seguida?

BUSCANDO A DEUS

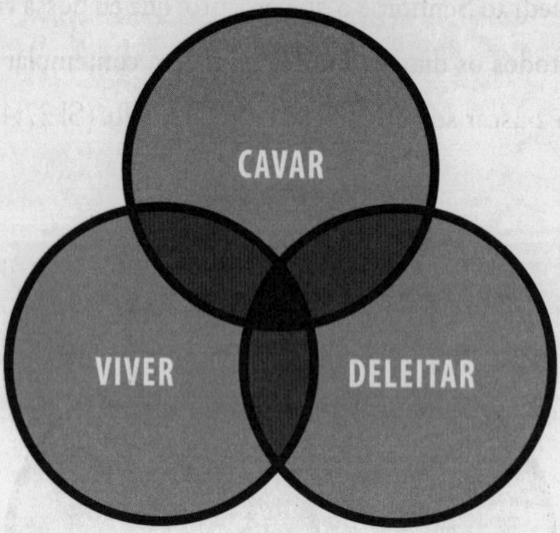

Cavar: O que Deus e sua Palavra têm a dizer sobre o que está acontecendo em minha vida?

Viver: Como seria aproximar-se de Jesus e convidá-lo para ser o meu melhor amigo?

Deleitar: Como posso me deleitar em Jesus mais e mais?

Conclusão

SOLTANDO SUA PRÓPRIA CRIATIVIDADE

Minha esperança é que este livro tenha lhe dado apenas um gostinho das abundantes opções possíveis quando pensamos bem em ministrar aos jovens. Deus é um Deus de criatividade, e ele nos deu uma imaginação que pode buscar incursões únicas no coração daqueles a quem alcançamos. Cada um de nossos dons como conselheiros pode ser usado de várias maneiras à medida que seguimos o chamado de Deus para amar as pessoas com sabedoria e de forma pessoal – assim como Cristo nos ama.

Deus tem dado a cada membro do corpo de Cristo diferentes dons do Espírito (1Co 12). Considere seus dons e como eles podem ser usados para que você se conecte com um jovem magoado ou relutante. Talvez você seja forte em compaixão e misericórdia. Talvez você seja realmente dotado para criar histórias ou pode ser que ouvir seja a sua força.

Além de seus conjuntos de habilidades mais naturais, seja um aprendiz perpétuo e descubra onde você pode buscar crescimento de forma intencional. Há muitos livros e recursos de qualidade disponíveis sobre narrativa, lições objetivas, recursos de aconselhamento etc. Aprenda também a confiar na criatividade dos outros; observe e aprenda com eles e como eles abordam a atividade de ajudar a juventude. Todos nós, até certo ponto, construímos a partir do trabalho que outros começaram.

O falecido diretor da CCEF, David Powlison, um pensador sábio e dotado, muitas vezes permitiu generosamente que outros utilizassem suas ideias ou edificassem sobre elas, dizendo "Tudo bem; eu recebi todas elas da Escritura". Nós sempre queremos dar crédito onde o crédito é devido, ao mesmo tempo em que fomentamos um espírito de generosidade. Como conselheiros que representam Cristo, todos temos o mesmo objetivo – amar bem as pessoas e atraí-las para o evangelho. Todo esforço criativo deve, de alguma forma, ser construído a partir do que Deus já nos deu. Ele é o autor de tudo o que é bom e verdadeiro, tudo o que é vitorioso, criativo e belo.

Tempo e esforço são essenciais para cultivar a criatividade. Grandes ideias e momentos brilhantes são na verdade o resultado de um trabalho que consome tempo e fluem da junção de ideias, sabedoria, experiências, tentativas e erros etc. Aprendemos e crescemos por meio da prática e da adaptação. Sinta-se livre para pegar as ideias deste livro e edificar sobre elas, desenvolvê-las ou adaptá-las, sendo fiel para usar a Escritura de forma boa e atraente na vida dos jovens. Além disso, experimente criar novas atividades. Há tanto tesouro a colher da Palavra de Deus; há verdades infinitas para compartilhar e imprimir na vida das crianças e dos adolescentes.

Trabalhar com jovens pode parecer um dom inato dado por Deus, mas, na realidade, é uma expertise e uma aptidão fomentadas que cresce quando nos comprometemos a conhecer e amar bem essa comunidade. Apoiemo-nos na verdade, na sabedoria e no encorajamento da Palavra de Deus como nossa base, enquanto procuramos ser os melhores mordomos do ministério que ele nos deu. É um privilégio servir na linha de frente do ministério como conselheiro e procurar, de forma cativante, conectar um jovem em sua dificuldade à batida do coração de Cristo.

É preciso oração e consideração deliberada a fim de intencionalmente trazer para fora o interior e falar à vida das pessoas. Com algumas populações é mais fácil, mais parecido com o nosso estilo e forma de engajamento. No entanto, o amor fraterno sempre procura aproximar-se e compreender aqueles que são diferentes de nós.

Independente do público com o qual você trabalha, esteja disposto a entrar no mundo das pessoas. Procure conhecê-las e compreendê-las bem. É minha oração que todos nós desejemos viver Efésios 5.1-2 na maneira como nos relacionamos com os outros: "Sede, pois, imitadores de Deus, como filhos amados; e andai em amor, como também Cristo nos amou e se entregou a si mesmo por nós, como oferta e sacrifício a Deus, em aroma suave".

Apêndice A

AMOSTRAS DE TABELAS DE DESENVOLVIMENTO

Há muitos modelos de desenvolvimento que as organizações seguem, seja entre profissionais médicos, especialistas em educação e aprendizagem, ou profissionais de aconselhamento. Essas listas de exemplos foram criadas com o propósito de ministrar aconselhamento um-a-um com crianças.

O desenvolvimento é dividido nas cinco etapas de desenvolvimento: primeira infância, infância intermediária, infância tardia, pré-adolescência e adolescência. Tais divisões são flexíveis e baseadas nas observações de grandes populações de crianças. (Por esse motivo, dividimos a primeira infância em duas listas separadas). Cada estágio tem marcos gerais que dão uma noção de onde uma criança pode se encaixar, mas há sempre um espectro que permite várias taxas de desenvolvimento. É um processo contínuo a ser avaliado regularmente.

MARCOS DA PRIMEIRA INFÂNCIA (3 - 4 ANOS DE IDADE)

Físico	
√ Aprende a segurar utensílios e instrumentos de escrita	√ Capaz de começar a vestir-se sozinha
√ Desenha linhas e círculos	√ Demonstra uma mão dominante
√ Corre, pula, escala com independência	√ Consegue usar o banheiro sozinha
√ Consegue pedalar	√ Tem consciência da diferença entre os sexos
Emocional	
√ Consegue diferenciar o real do faz de conta	√ Identifica emoções básicas
√ Demonstra mais independência e preferências	√ Identidade e segurança estabelecidas pelos cuidadores
√ Percebe o mundo a partir do seu ponto de vista	√ Torna-se mais social e gosta de fazer amizades
√ Gosta de imitar os pais ou os cuidadores	
Cognitivo	
√ Consegue contar até dez ou mais	√ Consegue formular suas próprias ideias e perguntas
√ Mais literal e concreta no entendimento	√ Recita músicas, rimas e histórias simples
√ Fala utilizando frases	√ Demonstra suas próprias preferências, gostos e aversões
√ Incapaz de ver perspectivas diferentes das suas	√ Consegue completar quebra-cabeças e jogos da memória
√ Começa a entender causa e efeito	√ Período de atenção de 5-10 minutos
Social	
√ O mundo interior é expresso por meio de brincadeiras	√ Começa a aprender cooperação e compartilhamento
√ Participa de dramatizações	√ Cria laços com um amigo
√ Consegue acompanhar jogos e regras simples	√ Observa o mundo físico ao seu redor
√ Aprende a revezar	√ Testa a autoridade, demonstra vontade própria

Espiritual	
√ Aprende o certo e o errado a partir de exemplos	√ Entende verdades simples de forma concreta
√ A consciência é subdesenvolvida, conformada pelo o que a criança tem como modelo	√ Entendimento literal de Deus, do céu, do pecado, da obediência, da bondade e do compartilhar
√ A obediência a Deus é padronizada na obediência aos pais	√ Comportamento bom e mau muitas vezes entendido por meio das consequências

Recursos Úteis	
Bonecos em miniatura para usar em caixa de areia	Casa de boneca para a identificação dos papéis, das regras e dos padrões familiares
Cenários e ferramentas de dramatização	Instrumentos musicais para expressão pessoal
Material de arte: papel em branco, canetinhas, giz de cera, cola, etc.	Livros, figuras e o uso de contação de história para passar mensagens e entendimentos

MARCOS DA PRIMEIRA INFÂNCIA (5 - 6 ANOS DE IDADE)

Físico	
√ Fala com clareza	√ Consegue vestir-se completamente sozinha
√ Compartilha histórias simples	√ Capaz de amarrar os sapatos
√ Faz maior uso da imaginação	√ Começa a aprender letras e formas
√ Capaz de aprender a andar de bicicleta	

Emocional	
√ Capaz de começar a demonstrar empatia	√ Está aprendendo a controlar impulsos
√ Demonstra mais independência e preferências	√ Ansiedade e emoções demonstradas nas brincadeiras e na fantasia
√ Demonstra uma vasta gama de emoções	√ A realidade e a fantasia podem se misturar
√ Torna-se mais social e gosta de fazer amizades	√ Começa a verbalizar sentimentos de dúvida, culpa, vergonha e constrangimento

Cognitivo	
√ Maior consciência do mundo exterior	√ Segue múltiplos passos/instruções
√ Maior consciência de causa e efeito fora de si mesma	√ Crescente senso de tempo
√ Consegue diferenciar o real do faz de conta	√ Lembra-se de palavras e eventos associados com toque, cheiro e audição, bem como com emoções (tanto agradáveis como assustadoras)
√ Pode começar a resolver pequenos problemas	√ O período de atenção de 10-15 minutos.

Social	
√ Aprende cooperação em grupos	√ Demonstra mais independência nas construções de relacionamentos
√ Pode fazer parte de um grupo, mas não interagir muito por enxergar mais a si mesma	√ Os relacionamentos são construídos com base nos gostos em comum
√ Gosta de brincadeiras e de jogos estruturados	√ Quer ser apreciada e aceita

√ Consegue seguir regras e gosta de fazer com que outros as sigam	√ Pode começar a exibir competição
√ Quer que tudo seja justo – é aqui que podem ocorrer as birras	

Espiritual	
√ Sabe que a Bíblia é um livro importante sobre o povo de Deus e sobre Jesus	√ Desenvolve um senso de comunidade e de frequência na igreja
√ Gosta de histórias sobre Jesus e gosta de ouvir histórias repetidas vezes	√ Beneficia-se ao aceitar os adultos que estão dispostos a ouvir suas muitas perguntas
√ Faz muitas perguntas: Onde está Deus? Ele come? Quem fez Deus? Por que Deus é invisível?	√ Depende das autoridades para serem sua bússola moral
√ Aprende orações fáceis e simples	√ A consciência em relação a pecado e comportamento está se desenvolvendo
√ Pode ser encorajada a dar sua própria oferta a Deus na igreja	√ Experimenta e desfruta o mundo de Deus

Recursos Úteis	
Materiais de arte: lápis de cor, giz de cera, canetinhas, cola, trabalhos manuais simples	Livros e histórias que ajudam a analisar e a reafirmar uma mensagem/verdade
Lições objetivas para ajudar a passar uma mensagem ou uma verdade	Instrumentos musicais para contar ou criar suas próprias histórias ou canções
Bonecos, miniaturas ou casas de boneca/caixa de areia – dramatização e aplicação pessoal	Outras formas concretas de transmitir a mensagem/verdade que você deseja afirmar
Jogos simples para fazer perguntas, dramatização ou cenários da vida real para se trabalhar	

MARCOS DA SEGUNDA INFÂNCIA (7 - 9 DE IDADE)

Físico	
√ Tem dentes de adulto e apetite crescente	√ Escrita à mão e coordenação visomotora aperfeiçoadas
√ É ativa e gosta de esportes/atividades	√ A fala é clara e o vocabulário aumenta muito
√ Coordenação e força aperfeiçoadas	√ Com um número crescente de crianças, a puberdade pode se desenvolver (por volta dos 9 anos)
√ Capaz de fazer desenhos mais complexos com objetos, pessoas e animais	

Emocional	
√ Gosta de afeto e afirmação por parte dos adultos	√ Crescente autonomia em relação aos pais em muitas aptidões e habilidades
√ A influência dos colegas é crescente e molda gostos/afeições	√ Demonstra maior habilidade em controlar impulsos e pensa antes de agir
√ Consegue articular muitas emoções e sentimentos	√ Pode ser mais argumentadora e teimosa

Cognitivo	
√ Pode começar a entender ideias mais abstratas	√ Gosta de humor e de risada
√ Consegue pensar de forma mais sistemática; capaz de generalizar o que é aprendido	√ Aumenta a habilidade de recontar eventos e de lembrar-se de sequências
√ Considera mais perguntas e torna-se mais curiosa em relação à vida	√ Capaz de soletrar palavras e de ler livros
√ Amplamente verbal	√ O período de atenção varia, mas a média é de 15 minutos

Social	
√ Muitas vezes preferirá grupos de colegas do mesmo sexo	√ Deseja a aprovação dos colegas
√ Gosta de interações sociais e de atividades em grupo	√ Consegue desfrutar um tempo sozinha
√ A liderança e o status dentro dos grupos sociais começam a surgir	√ A identidade de grupo é afirmada pelos gostos: esportes, música, arte
√ Começa a procurar um senso de pertencimento no grupo dos colegas	√ Começa a formar passatempos e interesses

Espiritual	
√ Será curiosa, fazendo perguntas sem fim enquanto explora o mundo de Deus	√ Capaz de enxergar a batalha entre ver as coisas "do meu jeito" e do "jeito de Deus"
√ Pratica o amor e a confiança como um resultado dos pais ou de outros adultos significativos; começa a entender o amor de Deus	√ Pode ser orientada para regras (i.e., "siga as regras e você é bom" – ao invés de "Jesus nos torna bons")
√ Aprende que os pais obedecem a Deus e que elas também precisam obedecer a Deus	√ Forte senso de justiça; propensa a ser farisaica
√ Desenvolvem empatia e amor pelos outros e em relação a pessoas novas	√ O relacionamento pessoal com Deus se desenvolve, tornando-se aparente ao pedir a Deus que a auxilie, a mude e a ajude a fazer o que é certo
√ Imita e repete o que os pais fazem	√ Reconhece o comportamento errado e o pecado dos outros
√ A consistência se torna uma das qualidades mais importantes para o desenvolvimento moral e espiritual	

Recursos Úteis	
Trabalhar com objetos concretos ao invés de apenas com imagens	Contação de história por meio de canções, música, livros, dramatização
Histórias e livros que capturam o interesse da criança e ajudam a desenvolver um senso de fascinação e deslumbramento	Projetos/ideias/tarefas para os pais que sejam concretos, a fim de praticar novas verdades ou coisas que elas estão aprendendo em casa ou no ambiente escolar
Materiais de arte para continuar a extrair o interior e envolver-se com ideias	Ferramentas criativas, como bolas ou o jogo Jenga, que tem perguntas e cenários de dramatização – fomenta a conversa e o processamento de coisas difíceis enquanto faz algo agradável
Criar espaços ou mundos (de fantasia ou real) para engajar sentimentos, eventos ou ideias difíceis	

MARCOS DA INFÂNCIA TARDIA (10 - 12 ANOS DE IDADE)

Físico	
√ Energética e ativa	√ Pode começar a puberdade – evidente desenvolvimento sexual, mudança de voz e odor corporal aumentado são comuns
√ Altura e peso aumentam progressivamente	√ A pele se torna mais oleosa e pode desenvolver espinhas
√ O corpo começa a passar por mudanças	√ Pelos crescem em diversas áreas do corpo
√ As proporções do corpo semelhantes às dos adultos estão em desenvolvimento	

Emocional	
√ Flutuações entre confiança e insegurança	√ Emoções flutuantes e mau-humor mais acentuados
√ Começa a definir a si mesma da forma como os outros a enxergam	√ Faz distinção entre vontade, ações e motivações
√ Habilidade de enxergar diferentes pontos de vista	√ Tem mais consciência dos pontos fortes e dos pontos fracos

Cognitivo	
√ Habilidade aumentada para aprender a aplicar aptidões	√ A visão de mundo estende-se para além das perspectivas de preto no branco/ certo e errado
√ Estabelece habilidades de pensamento abstrato, mas volta ao pensamento concreto quando sob estresse	√ Desenvolvimento da habilidade interpretativa
√ Ainda não é capaz de fazer todos os saltos intelectuais, como inferir uma motivação ou razão hipotéticas	√ Capaz de responder a perguntas de quem, o que, onde e quando, mas ainda pode ter problemas com perguntas do tipo 'por quê?'
√ Aprende a estender o pensamento além das experiências e do conhecimento pessoal	√ O período de atenção varia em grande medida; a média é de 20 minutos por vez

Social	
√ Maior habilidade para interagir com os colegas	√ Demonstra maior interesse no sexo oposto
√ Muitas vezes tem dificuldade em relacionar-se com colegas, seja porque é controlada pelos colegas ou por tentar controlá-los	√ Imagina a si mesma como adulta e independente
√ Procura aceitação por meio do grupo de seus pares	√ Define autoconceito em parte pelo sucesso na escola
√ Capacidade aumentada de participar de competição	√ Capaz de entender as emoções e as dificuldades dos outros e envolver-se com elas
√ Tem uma forte identidade de grupo; define a si mesma cada vez mais por meio de seus pares	√ Capaz de aprender e aplicar habilidades de resolução de conflitos
√ O senso de realização é baseado na conquista de maior força e autocontrole	

Espiritual	
√ Desenvolve e testa valores e crenças que orientarão os comportamentos presentes e futuros	√ Tem dificuldade para pensar e reagir quando pecam contra ela
√ Está ciente da consciência interna e das motivações que influenciam escolhas e comportamentos	√ Começa a questionar as regras, ao mesmo tempo em que as mantém por considerá-las importantes e que devem ser seguidas
√ A busca pela ajuda de Deus muitas vezes está ligada a atender às necessidades e a ajuda nos relacionamentos	√ Tem dificuldade para saber como Deus a vê versus como os outros a veem
√ Identifica discrepâncias nos valores dos outros e as compara/contrasta com valores próprios	√ Precisa ser ensinada a orar e a o que esperar quando orar
√ Consegue fazer distinção entre seus desejos em relação ao pecado e o desejo de seguir a Deus	

Recursos Úteis	
Manter um diário e fazer atividades de autorreflexão	Atividades em grupo que facilitam as discussões maduras de questões difíceis
Jogos de perguntas e respostas	Contação de histórias; testemunhos; exemplos reais e pessoais de mudança, fé e crescimento
Jogos que promovem a resolução piedosa de conflitos e o trabalhar das situações difíceis	Jogos estratégicos que trabalham a resolução de problemas
Exercícios de dramatização	Materiais e recursos artísticos
Estudos e recursos bíblicos que fomentam o relacionamento com o Senhor	

MARCOS DA PRÉ-ADOLESCÊNCIA (13 - 14 ANOS DE IDADE)

Físico	
√ Os hormônios mudam quando começa a puberdade	√ Atividade física importante para a saúde e o humor em geral
√ Maior preocupação com as mudanças físicas e a aparência	√ Requer mais sono, mas muitas vezes resiste a ele
√ A alimentação aumenta e muda; às vezes surgem problemas alimentares	√ Desenvolvimento de órgãos sexuais e mudança de voz
Emocional	
√ Experimenta mais mau humor	√ Tristeza, depressão, ansiedade relacionada ao desempenho escolar, aceitação dos colegas ou expectativas dos pais
√ Demonstra mais preocupação com a aparência, a imagem corporal, o visual	√ Capaz de expressar sentimentos e conversar sobre eles
√ Sente mais estresse e pressão em relação ao desempenho na escola	
Cognitivo	
√ Tem mais capacidade de pensamento complexo	√ Tem opiniões próprias e começa a recorrer aos colegas para obter informação
√ Capaz de ser abstrato	√ Precisa de ajuda para considerar as consequências de longo prazo para as escolhas/decisões, ao invés dos benefícios de curto prazo
Social	
√ É significativamente motivado pelo valor de seu grupo de colegas	√ A construção proativa de relacionamentos com adultos não é valorizada, mas muito necessária
√ As amizades são formadas em torno dos sentimentos de quem o aceita e de onde ele se encaixa	√ Forma conexões e vínculos por meio das redes sociais
√ Deseja autonomia dos pais e maior dependência do grupo de colegas	

Espiritual	
√ Começa a perceber que as escolhas são complexas e que pode escolher pecar	√ Desenvolve valores individuais e morais mais fortes
√ As regras podem ou não ser importantes – tentação de sentir que pode julgar moralidade	√ Irá questionar mais ideias
√ Pode compreender a letra da lei mais do que o espírito da lei	√ Pode expressar desconforto ao orar em voz alta e precisa de ajuda para aprender a orar e a saber o que esperar quando ora
√ O relacionamento pessoal com o Senhor deve levar a decisões/escolhas	√ Está aprendendo a assumir a responsabilidade pelas próprias ações, decisões e consequências

Recursos Úteis	
Exercícios e atividades de perguntas e respostas	Atividades ou exercícios que encorajam a autoexpressão de sentimentos, pensamentos e valores
Recursos que ajudam a desenvolver uma boa tomada de decisões e valores piedosos	Interesse genuíno em ouvir opiniões, gostos e aversões
Atividades artísticas e recursos para a autoexpressão e autoconsciência	Formar confiança/respeito mútuo ao se envolver com ou entrar em seu mundo – rede social, arte, atletismo, passatempos, outros interesses

MARCOS DA ADOLESCÊNCIA (15 - 18 DE IDADE)

Físico

√ As habilidades físicas atingem o auge

√ Mudanças de pele, visão e capacidade reprodutiva

√ Conclusão da puberdade desde a infância

√ Começa a expressar a sexualidade de várias maneiras

√ As mulheres tendem a atingir a altura adulta, enquanto os homens continuam a crescer

√ Requer mais sono e nutrição adequada

√ Aumento da força muscular, tempo de reação, funcionamento cardiovascular e habilidades sensoriais

√ Maior independência física: aprende a dirigir, consegue um emprego, gasta tempo com os amigos

Emocional

√ Consegue articular seu próprio sentimento e analisar por que se sente de uma determinada maneira

√ Atribui valores à aparência, aos talentos e à personalidade

√ Tem dificuldade com a compreensão do que impulsiona suas emoções/motivações

√ Capaz de ter emoções e mudanças de humor intensas

√ Desenvolve sua própria personalidade e suas próprias opiniões

Cognitivo

√ A tomada de decisões ainda está se desenvolvendo

√ O cérebro ainda está em desenvolvimento e maturação

√ Está aprendendo que as escolhas têm riscos e consequências

√ Forma hábitos de trabalho bem definidos

√ Constrói habilidades de autossuficiência

√ Considera e faz planos para o futuro: escola, faculdade, trabalho

√ Às vezes tem dificuldade para pensar nos riscos e nas consequências das ações

Social	
√ Demonstra lealdade ao grupo de colegas	√ Desafia a autoridade dos pais com o desejo de ser mais autônomo
√ Deseja maior independência dos pais/família	√ Tem a capacidade de formar relacionamentos profundos, mútuos e saudáveis
√ É influenciado por escolhas, valores e hábitos do grupo de colegas	√ É influenciado por valores e mensagens culturais
√ Maiores preocupações com relação à imagem corporal e roupas	√ Maior capacidade de perceber o certo e o errado
√ Maior capacidade para cuidar dos outros	√ Pode sentir mais tristeza e emoção – pode levar a notas ruins, uso de substâncias viciantes e a outros problemas

Espiritual	
√ Deseja maneiras de tornar a fé relevante para a vida	√ Relacionamentos adultos saudáveis e piedosos, vitais para o desenvolvimento espiritual
√ Fica confuso com normas e valores culturais versus valores bíblicos	√ Necessita de modelo de como lidar com pressão do grupo e questões de vício, sexualidade e suicídio
√ Culto corporativo e frequência à igreja são cruciais para moldar valores e formar uma relação pessoal com Cristo	√ Beneficia-se de discussões lideradas por adultos e das oportunidades para fazer perguntas
√ Pode expressar desconforto ao orar em voz alta e precisa de ajuda para aprender a orar e a saber o que esperar quando ora	

Recursos Úteis	
Exercícios e atividades de perguntas e respostas	Atividades ou exercícios que encorajam a autoexpressão de sentimentos, pensamentos e valores
Recursos que ajudam a desenvolver uma boa tomada de decisão e escolhas maduras	Interesse genuíno em ouvir suas opiniões, gostos, aversões
Recursos que instilam valores piedosos e amadurecem relacionamentos	Formar confiança/respeito mútuo ao se envolver com ou participar de seu mundo – rede social, arte, atletismo, passatempos e outros interesses
Histórias, depoimentos e exemplos pessoais de quem já superou problemas difíceis, tais como aqueles que os adolescentes enfrentam, fornecendo exemplos que orientam em direção à piedade e à fé	Criar lugares de comunidade de apoio
Atividades artísticas e recursos para a autoexpressão e a autoconsciência	Fomentar discussões seguras e oportunidades para perguntas sobre temas de amizade entre colegas, drogas e álcool, sexo, depressão e suicídio

LEIA TAMBÉM:

JAQUELLE CROWE
ISSO MUDA TUDO
COMO O EVANGELHO TRANSFORMA A VIDA DE GAROTOS E GAROTAS

LEIA TAMBÉM:

ENTRE
PAIS E
FILHOS
LUTANDO COM
A TRANSIÇÃO
PARA A VIDA
ADULTA
ELYSE FITZPATRICK E JIM NEWHEISER

Esta obra foi composta em AJensonPro Regular 11,89, e impressa
na Promove Artes Gráficas sobre o papel Polen 70g/m²,
para Editora Fiel, em Julho de 2023.